Trabalhar com Grotowski sobre as Ações Físicas

Coleção Estudos
Dirigida por J. Guinsburg

Equipe de realização – Edição de Texto: Marcio Honorio de Godoy; Revisão: Lilian Miyoko Kumai; Sobrecapa: Sergio Kon; Produção: Ricardo W. Neves, Sergio Kon e Luiz Henrique Soares.

Thomas Richards

TRABALHAR COM GROTOWSKI SOBRE AS AÇÕES FÍSICAS

COM UM PREFÁCIO E O ENSAIO "DA COMPANHIA TEATRAL À ARTE COMO VEÍCULO" DE JERZY GROTOWSKI

Tradução do inglês
PATRICIA FURTADO DE MENDONÇA

PERSPECTIVA

Título do original em inglês:
At Work with Grotowski on Physical Actions

Routledge é membro do grupo Taylor & Francis.
© 1993, 1995 Thomas Richards
Prefácio e "Da companhia teatral à arte como veículo" © 1993, 1995 Jerzy Grotowski
"Tradução autorizada em língua inglesa publicada pela Routledge, um membro do
grupo Taylor & Francis"

CIP-Brasil. Catalogação-na-Fonte
Sindicato Nacional dos Editores de Livros, RJ

R388t

Richards, Thomas, 1962-
    Trabalhar com Grotowski sobre as ações físicas / Thomas Richards; com prefácio e ensaio de Jerzy Grotowski; tradução do inglês Patricia Furtado de Mendonça. – São Paulo: Perspectiva, 2014.
    (Estudos, 296)

    Tradução de:
At work with Grotowski on physical actions
1ª reimpr. da 1ª ed. de 2012
ISBN 978-85-273-0942-4

    1. Grotowski, Jerzy, 1933-1999 – Crítica e interpretação.
I. Grotowski, Jerzy, 1933-1999. II. Mendonça, Patricia Furtado
de III. Título. IV. Série.

12-0179.
        CDD: 792.0233092
        CDU: 792.027(438)

10.01.12   11.01.12   032502

1ª edição – 1ª reimpressão

Direitos reservados em língua portuguesa à
EDITORA PERSPECTIVA S.A.

Av. Brigadeiro Luís Antônio, 3025
01401-000 São Paulo SP Brasil
Telefax: (011) 3885-8388
www.editoraperspectiva.com.br

2014

Para Fabrizio Cruciani

Sumário

Prefácio – *Jerzy Grotowski* XI

TRABALHAR COM GROTOWSKI
SOBRE AS AÇÕES FÍSICAS – *Thomas Richards*

Stanislávski e Grotowski: A Conexão 1
Ryszard Cieślak em Yale 9
O Workshop no Objective Drama Program 19
Em Nova York 25
Grotowski Fala no Hunter College 31
O Trabalho em Botinaccio: Um Ataque ao Diletantismo . . 35
Um Ano com Grotowski no Objective Drama 53
No Workcenter of Jerzy Grotowski 81
Fases Iniciais 95
Grotowski diante de Stanislávski: Os Impulsos 107
Ações "Realistas" na Vida Cotidiana 115
Conclusão sobre as Ações "Realistas" 121

Textos Citados 125

DA COMPANHIA TEATRAL À ARTE
COMO VEÍCULO – *Jerzy Grotowski* 127

Prefácio

Considero este livro um relatório precioso que permite assimilar alguns dos princípios simples e fundamentais que o autodidata só pode chegar a conhecer após vários anos de tentativa e erro. O livro fornece informações que dizem respeito às "descobertas" que o ator pode compreender na prática, sem ter que começar toda vez do zero. Thomas Richards trabalha sistematicamente comigo desde 1985. Hoje é meu colaborador essencial na investigação dedicada à arte como veículo, na qual estou atualmente envolvido no Workcenter of Jerzy Grotowski, em Pontedera, na Itália.

Em *Trabalhar com Grotowski sobre as Ações Físicas*, Thomas Richards não fala de nosso trabalho atual, ou seja, da arte como veículo. O leitor encontrará indicações sobre esse tema em meu texto "Da Companhia Teatral à Arte como Veículo", publicado no Apêndice. O livro de Thomas Richards fala dos primeiros três anos de trabalho comigo, e trata das "ações físicas", uma *premissa necessária* para quem é ativo no campo das *performing arts*.

Thomas Richards nasceu em Nova York em 1962. Antes de trabalhar comigo, estudou na Yale University, dedicando-se especialmente ao teatro e à música. Em 1985, como membro do *performance team*, participou do Focused Research Program que dirigi na Universidade da Califórnia, em Irvine. Após um ano, propus que ele se tornasse meu assistente e que nos transferíssemos para a Itália, onde, em 1986, foi fundado o Workcenter of Jerzy Grotowski, como parte integrante do Centro per la Sperimentazione e la Ricerca Teatrale de Pontedera. Sempre em contato direto comigo, Thomas Richards continuou sua pesquisa pessoal e assumiu a responsabilidade de uma das duas seções do Workcenter. Ao mesmo tempo, continuou seus estudos universitários e se formou em 1992, pelo Departamento de Arte, Música e Espetáculo da Universidade de Bolonha.

A natureza do meu trabalho com Thomas Richards tem o caráter da "transmissão"; transmitir a ele aquilo que alcancei na minha vida: o aspecto *interior* do trabalho. Eu utilizo a palavra "transmissão" no sentido tradicional – durante um período de aprendizagem, através de esforços e tentativas, o aprendiz conquista o conhecimento, prático e preciso, de outra pessoa, seu *teacher*. Um período de aprendizagem verdadeira é longo e eu já trabalhei com Thomas Richards durante oito anos. No início desses oito anos ele era o *doer* (aquele que age: o *atuante*), e eu o guiava de fora. Com o passar do tempo, como suas qualidades amadureciam, pedi que deixasse de ser apenas um *doer* e que também dirigisse o trabalho. Foi nesse momento que Thomas Richards se tornou o líder de um dos dois grupos do Workcenter, passando a conduzir o trabalho prático cotidiano – ele se tornou o *teacher* do grupo – enquanto eu ficava ao seu lado e às vezes trabalhava diretamente com os membros do grupo. Mas principalmente eu indicava, quando era necessário, alguns problemas práticos que Thomas Richards resolveria com eles depois. Durante esse mesmo período, continuei o trabalho individual com ele. E esse processo continua ainda hoje. Sendo assim, minha relação de trabalho com Thomas Richards (durante os três primeiros anos descritos neste livro, e durante os cinco anos seguintes dedicados à arte como veículo) é uma relação de "transmissão"; é por essa razão que sinto que ele é a pessoa certa para escrever sobre o trabalho.

O livro de Thomas Richards possui um valor notável para o jovem ator que deseja dedicar sua vida à batalha na arte, pois fala de certos elementos indispensáveis do ofício que, quando aprendidos, ou seja, dominados na prática, podem ajudá-lo a sair do diletantismo. Neste livro, o leitor poderá obter várias informações sobre *como* se desenvolver na prática. Ele também encontrará uma série de episódios "privados" contados por alguém que, no momento em que escreve, já adquiriu o conhecimento e a autoridade para guiar, desenvolver e finalizar, sozinho, o trabalho com os demais. Em cada um desses episódios esconde-se um alarme ou uma indicação que diz respeito a essa disciplina interior e pessoal da qual não podemos falar apenas em termos técnicos, mas sem a qual toda vocação é sufocada e não são possíveis nem aprendizagem nem técnica.

Jerzy Grotowski
Fevereiro, 1993.

PS: Durante os últimos dez anos, minha investigação contou, entre outros, com o suporte de contribuições e subvenções norte-americanas. Eu gostaria de expressar minha gratidão à Universidade da Califórnia, em Irvine, à National Endowment for the Arts, à Rockfeller Foundation, ao International Centre for Theatre Creation e ao MacArthur Foundation, que me concedeu um *fellowship*.

Minha gratidão também vai ao Ministério da Cultura francês e à Académie Expérimentale des Théâtres, dirigida por Michelle Kokosowski, pela ajuda que recebi.

Quero agradecer especialmente a Peter Brook.

Teria sido difícil atravessar esses anos sem o cuidado constante, a ajuda e a amizade de Mercedes e André Gregory.

E finalmente um agradecimento muito especial vai para aqueles que tornaram possível a existência e o funcionamento do meu Workcenter em Pontedera, na Itália: o Centro per la Sperimentazione e la Ricerca Teatrale, seu diretor Roberto Baci, e Carla Pollastrelli.

J. Grotowski

Trabalhar com Grotowski sobre as Ações Físicas
por Thomas Richards

Stanislávski e Grotowski:
A Conexão

Artistas que não avançam, retrocedem.

KONSTANTIN STANISLÁVSKI

Não é possível ficar parado no mesmo ponto,
só existe evolução ou involução.

JERZY GROTOWSKI

Durante os últimos oito anos, trabalhei continuamente com Jerzy Grotowski. O conhecimento prático que tenho do "ofício", eu adquiri dele.

Grotowski sabe que aprender alguma coisa significa conquistá-la na prática. É preciso aprender "fazendo" e não por meio da memorização de ideias e teorias. As teorias só eram usadas em nosso trabalho quando podiam resolver um problema prático que se apresentava. O trabalho com Grotowski não tinha nada a ver com uma escola onde aprendemos as lições mecanicamente. Tenho certeza de que ele estava tentando ensinar não somente à minha cabeça, mas a todo o meu ser. Ele repetiu várias vezes para mim que o verdadeiro aprendiz sabe como roubar, como ser um "bom ladrão": isso demanda um esforço ativo por parte de quem está aprendendo, porque deve roubar o conhecimento ao mesmo tempo que conquista a capacidade de *fazer*.

Muitas vezes Grotowski me passava uma tarefa específica: por exemplo, resolver com o grupo algum problema técnico que havia surgido durante o trabalho. Se eu perguntava a Grotowski como resolver esse problema, normalmente não tinha nenhuma resposta ou só o sorriso de quem sabe. Nesse momento, eu entendia que teria que resolvê-lo sozinho. Só depois que tivesse terminado a minha tarefa, dando o melhor de mim, ele intervinha e analisava meus erros. Aí então o processo começava de novo. Esse método de ensinar demanda uma grande quantidade de tempo e de paciência. Quem está aprendendo vai viver inevitavelmente momentos de fracasso. Mas esses "fracassos" são absolutamente essenciais, porque é nessa hora que o aprendiz começa a ver com clareza como avançar no caminho certo. Sendo assim, o modo em que aprendi a trabalhar com as ações físicas não era nada comum do ponto de vista do sistema educativo em vigor, e aqui não estou desenvolvendo uma análise teórica. Pelo contrário, eu me lembro de como minha compreensão sobre as ações físicas e a capacidade de trabalhar com elas evoluíram através de uma investigação prática com meu *teacher*, Jerzy Grotowski.

Tenho consciência de que muita gente fez experiência de "workshops grotowskianos" conduzidos por alguém que estudou com ele em uma oficina de cinco dias, por exemplo, 25 anos atrás. Muitas vezes, é óbvio que esses "instrutores" acabam difundindo graves erros e mal-entendidos. A pesquisa de Grotowski pode ser erroneamente interpretada como algo selvagem e sem estrutura, em que as pessoas se jogam no chão, gritam à beça e têm experiências pseudocatárticas. A conexão de Grotowski com a tradição e sua ligação com Stanislávski correm o risco de serem completamente esquecidas ou não serem levadas em conta. Mas o próprio Grotowski nunca se esqueceu de quem veio antes dele. Frente a frente com seus antepassados, foi um "bom ladrão", examinando completamente suas técnicas, fazendo uma análise crítica de seu valor, e roubando tudo o que podia funcionar para ele. O trabalho de Grotowski não nega o passado de jeito nenhum, muito pelo contrário, nele procura as ferramentas úteis que podem ajudá-lo em *seu próprio* trabalho. "Crie seu próprio método. Não dependa do meu como se fosse um escravo. Faça algo que funcione para você"[1]. Essas são palavras de Stanislávski, e foi exatamente isso que Grotowski fez.

---

1   Citado por Joshua Logan, no prefácio para Sonia Moore, *The Stanislavski System*, New York: Penguin Books, 1984 (1960), p. XVI.

O eixo desse texto é um método, ou melhor, uma prática, que se tornou central na última fase do trabalho de Stanislávski e que, mais tarde, foi desenvolvida por Grotowski: as *ações físicas*. Nos dez últimos anos de sua vida, Stanislávski deu nova ênfase ao que chamou de "ações físicas". Expôs claramente a sua opinião sobre o que considerava a essência de sua pesquisa: "O método das ações físicas é o resultado do trabalho de toda a minha vida"[2]. Essa forte afirmação exige uma compreensão clara. O que Stanislávski entende por "método das ações físicas"? Por que ele estava usando a palavra "física" no lugar de "psicofísica"? Por que, ao fim de sua vida, falava de "ações físicas", quando grande parte de sua investigação anterior se baseava na tentativa de reevocar precisas emoções? E esse trabalho sobre as ações físicas, como alguém pode colocá-lo em prática?

Grotowski está convencido de que a pérola mais preciosa de Stanislávski é o período final do seu trabalho, quando surgiu o "método das ações físicas". Por que Grotowski considera esse método a descoberta mais útil de Stanislávski? Como foi que eu aprendi, de Grotowski, a trabalhar com as ações físicas? Essas são algumas das questões que abordo nesse texto. Para traduzir em escrita o que entendo por trabalho sobre as ações físicas – uma capacidade nutrida pela prática – trago à lembrança algumas etapas do meu trabalho com Grotowski, observando o modo em que ele me transmitiu essa capacidade. Ao me lembrar de como descobri os elementos dessa técnica, reflito sobre a presença desses mesmos elementos no período final do trabalho de Stanislávski. Fazendo isso, vou tentar enfatizar um ponto que considero ter sido tratado várias vezes com negligência: a estreita conexão que existe entre o trabalho de Grotowski e o trabalho que Stanislávski conduziu no período final de sua vida.

Tanto Jerzy Grotowski quanto Konstantin Stanislávski dedicaram suas vidas à investigação sobre o *ofício*. Trabalharam com uma extraordinária capacidade de resistência e com tenacidade em seu esforço pessoal, chegando a grandes resultados e descobertas em sua arte. No entanto, seus respectivos processos de trabalho são frequentemente muito mal interpretados. Por quê?

2 Citado por Sonia Moore, op. cit., p. 10.

Vivemos numa época em que nossa vida interior é dominada pela mente discursiva. Essa parte da mente divide, reparte, etiqueta – empacota o mundo e o envolve como se ele fosse "entendido". É essa máquina dentro de nós que reduz o misterioso objeto que oscila e ondeia a uma simples "árvore". Como essa parte da mente comanda nossa formação interior, à medida que crescemos a vida perde seu sabor. Nossas experiências vão se tornando cada vez mais rasas, e deixamos de perceber as "coisas" diretamente, como fazem as crianças, para percebê-las como se fossem signos de um catálogo que já nos é familiar. O "desconhecido", então reduzido e petrificado, passa a ser o "conhecido". Entre o indivíduo e a vida surge um filtro. A mente discursiva, assim como ela é, tem dificuldade de tolerar um processo vivo de desenvolvimento. Como um cachorrinho que tenta reter um rio comprimindo-o com seus dentes, essa mente etiqueta as coisas ao nosso redor, e afirma: "Eu entendo". Através desse tipo de "entendimento" criamos mal-entendidos, e reduzimos o que é percebido aos limites e às características da mente discursiva. Normalmente esses mal-entendidos acontecem quando estudamos o trabalho de outra pessoa. O perigo é que acabamos por limitar, reduzir e aprisionar essa pessoa, vendo apenas o que queremos ou somos capazes de ver. Desde o início, eu gostaria que ficasse claro que, para mim, Stanislávski e Grotowski são como esse rio bravio. Vou fazer o máximo possível para não ser como um cachorrinho que fica frente a frente com eles e com o trabalho de suas vidas.

Se eu olho para as vidas de Stanislávski e de Grotowski, vejo dois processos realmente vivos; vejo que suas investigações, através de esforços pessoais, são como parábolas em constante ascensão. Por isso, para mim é fundamental estudar o período final de seus trabalhos. Porque é ali que podemos ver a perspectiva pessoal de cada um sobre as próprias investigações, as respectivas conclusões às quais chegaram e o sentimento que tinham com relação aos elementos mais importantes de seu trabalho.

Como jovem estudante de interpretação no Instituto Estatal de Teatro da Polônia, Grotowski viu que "parte do processo educacional era perda de tempo". Então se uniu a outros estudantes de interpretação e juntos trabalharam numa espécie de Estúdio dentro do próprio Instituto de Teatro, onde ele fez

STANISLÁVSKI E GROTOWSKI: A CONEXÃO

uma pesquisa independente sobre o trabalho de Stanislávski. Falando para mim sobre esse período, Grotowski frisou que os professores do Instituto não eram contra essa "escola" que existia dentro da escola; muito pelo contrário, eles o apoiaram. Disse que foi a partir dessa pesquisa prática independente que aprendeu a trabalhar com as ações físicas. Foi nesse momento que descobriu: "Ah, tem alguma coisa aqui no trabalho de Stanislávski, alguma ferramenta, que pode ser útil". Em seu ensaio "Risposta a Stanislavskij", Grotowski afirma:

> Quando eu era estudante da Escola de Arte Dramática, da faculdade para atores, fundamentei toda a base do meu saber teatral nos princípios de Stanislávski. Como ator eu estava possuído por Stanislávski. Eu era um fanático. Acreditava que era a chave que abre todas as portas da criatividade. Eu trabalhava muito para conseguir saber o máximo possível sobre o que ele tinha dito ou sobre o que tinha sido dito sobre ele[3].

Ainda que Grotowski, em quase todas as suas conferências públicas, tenha enfatizado a conexão de seu trabalho com o de Stanislávski, eu continuo a ver atores e grupos de teatro que, na prática, se esquecem desse ponto. Tentam alcançar aquela mesma alta qualidade passando por cima de tudo o que é necessário para os fundamentos essenciais; pulam direto para o desconhecido. Por preguiça ou porque desejam ter resultados imediatos, esses indivíduos ou grupos se esquecem completamente dos ensinamentos de Stanislávski, que ressalta a necessidade de uma estrutura preparada conscientemente – uma necessidade da qual Grotowski nunca se esqueceu.

Com certeza, o turbilhão da inspiração pode levar nosso "avião criativo" para além das nuvens [...] sem ter que levantar voo. O problema é que esses voos não dependem de nós e não constituem

---

3 Risposta a Stanislavsij, em *Konstantin Stanislavskij: L'attore creativo*, Fabrizio Cruciani e Clelia Falletti, Florença: La casa Usher, 1980, p. 193. Traduzido do polonês ao italiano por Carla Pollastrelli. O leitor deve notar que Grotowski fez a revisão de todas as citações de seus textos e de suas conferências que aparecem nesse livro; em alguns casos, ele os revisou respeitando as traduções e as edições atuais.
[Resposta a Stanislávski, *Folhetim*, Rio de Janeiro, n. 9, jan-abr 2001. Tradução de Ricardo Gomes (N. da T.)].

a norma. Temos a possibilidade de preparar o terreno, colocar os trilhos, o que significa criar as ações físicas reforçadas pela verdade e pela convicção[4].

Essas palavras são de Stanislávski, mas várias vezes ouvi Grotowski expressando a mesma ideia.

É muito fácil sonhar em fazer algo profundo. É muito mais difícil fazer algo realmente profundo. Um velho provérbio russo diz: se você vai até o quintal, olha para o céu, e salta até as estrelas, só pode cair na lama. Muitas vezes a *escada* é esquecida. A escada *deve ser construída*. Grotowski nunca se esqueceu disso. Uma pessoa pode facilmente se perder pensando no profundo lado metafísico do trabalho de Grotowski, e acabar se esquecendo totalmente do sacrifício e do labor que está por trás de seus resultados. Mas antes de tudo, Grotowski era um *diretor de teatro* magistral.

Sendo um jovem ator, eu não tinha ideia de quanta mestria fosse necessária no ofício. É por isso que agora eu gostaria de ressaltar que a escada é necessária. Essa é a nossa técnica enquanto artistas, e não importa se nos sentimos muito criativos ou não; sem técnica, não temos nenhum canal para a nossa força criativa. Técnica significa artesanato, um conhecimento técnico do nosso ofício. Quanto mais forte for sua criatividade, mais forte deve ser seu ofício, para que você alcance o equilíbrio necessário que permitirá que seus recursos fluam plenamente. Se não temos esse nível básico, com certeza caímos na lama.

Minha esperança é que, mesmo através desse texto, o trabalho sobre as ações físicas possa encontrar uma utilidade prática maior entre grupos de teatro que buscam melhorar a qualidade

---

4   Konstantin S. Stanislavskij, *Il lavoro dell'attore sul personaggio*, org. F. Malcovati, Roma/Bari: Editori Laterza, 1988, p. 224. Traduzi todas as citações desse livro para o inglês a partir da edição italiana, baseada na versão final do texto original em russo, *Rabota Aktera Nad Rol'Ju*, revisada e corrigida por seu autor.

[*Rabota Aktera Nad Rol'Ju*, que no Brasil é conhecido como *O Trabalho do Ator sobre seu Papel*, foi lançado na Rússia em 1956 como o IV volume das *Obras Completas* de Stanislávski (*Sobranie Sočinenij*, em oito volumes) e nunca foi publicado em nosso país. Em 1961, nos Estados Unidos, foi publicada uma versão sua intitulada *Creating a Role*, traduzida e editada por Elizabeth Reynolds Hapgood. No Brasil, podemos encontrar apenas a tradução dessa versão americana, que foi publicada com o título *A Criação de um Papel* pela Civilização Brasileira, em 1972, com tradução de Pontes de Paula Lima (N. da T.).]

do seu trabalho. Espero que eles se perguntem continuamente ao que podem servir com seu ofício, que não seja à vaidade e ao bolso, para que sejam capazes – de coração – de se chamarem de "artistas".

Para quê uma pessoa trabalha? Para ser um produto vendável? Seu trabalho está *a serviço* de quê? Ao que ela *serve* com o próprio trabalho?

Tanto para Stanislávski quanto para Grotowski era de fundamental importância se fazer essa pergunta. O ato de "servir" estava em primeiro lugar no modo em que ambos abordavam a arte e o ato criativo. O cumprimento do próprio trabalho deveria servir a alguma outra coisa que fosse além da própria vaidade ou do próprio orgulho. Stanislávski disse: "Não temos que amar a nós mesmos na arte, mas a arte em nós mesmos"[5]. É provável que cada um, em diferentes níveis, sinta a necessidade de servir a alguma coisa maior ou mais nobre com seu trabalho. Mas certas pessoas, pela persistência de seus esforços, transformam esse sentimento em ação. Não "ficam paradas no mesmo lugar", mas se empenham numa luta contínua voltada para o crescimento pessoal, sem nunca sucumbir à estagnação. O crescimento consciente não acontece nem acidentalmente nem por si só. Essas pessoas trabalham com constância e, através de seus esforços, tentam servir a algo que está além delas. Chegam com frequência a grandes descobertas, e também com frequência são muito mal-compreendidas.

Este texto fala da *primeira parte* do meu trabalho com Jerzy Grotowski: os três primeiros anos de aprendizagem em que o trabalho sobre as ações físicas foi fundamental.

O período seguinte constitui uma fase completamente nova e não é o tema deste livro. O trabalho que Grotowski conduz atualmente – com o qual estou colaborando – está centrado em ações estruturadas que se baseiam em antigos cantos vibratórios. Grotowski fala sobre isso no ensaio publicado no final deste livro.

---

5   Citado por Vasily O. Toporkov, *Stanislavski in Rehearsal: The Final Years*, New York: Theatre Arts Books, 1979, p.21. Traduzido para o inglês por Christine Edwards.

Ryszard Cieślak em Yale

A primeira vez que entrei em contato com os métodos de trabalho de Jerzy Grotowski foi através de Ryszard Cieślak, um dos membros fundadores do Teatro Laboratório de Grotowski em Wroclaw. Cieślak, que faleceu no verão de 1990, ficou famoso no mundo todo pela criação do personagem-título do espetáculo de Grotowski *O Príncipe Constante*. Ainda que me lembre do Cieślak dizendo: "Eu não sou Grotowski", sua conexão com o trabalho de Grotowski é clara: Cieślak se formou e evoluiu como ator no Teatro Laboratório, onde se tornou o ator principal durante o período mais criativo do grupo.

Quando eu estava no último ano da Yale University (1984), Ryszard Cieślak foi conduzir um workshop de duas semanas no Departamento de Estudos Teatrais. Esse workshop produziu em mim uma explosão interior. Eu tinha passado quatro anos sentado, assistindo às aulas universitárias com especialistas que falavam para a minha cabeça. Minha fisicalidade estava completamente bloqueada, eu tinha medo de estar me transformando numa caixa falante compacta, e inconscientemente temia que algo estivesse morrendo dentro de mim. Fiquei imediatamente tomado pelo ímpeto físico do trabalho do Cieślak: era fresco e vivo, parecia que eu estava faminto por aquilo.

Fizemos várias improvisações. Esse trabalho abriu dentro de mim alguma coisa que tinha ficado hermeticamente fechada após passar tantas horas sentado; me introduziu numa nova via de expressão. Comecei a enxergar a importância do corpo para o ator.

Depois de cada sessão de trabalho com o Cieślak, eu ia para casa correndo, praticamente dançando pelas ruas, tal era meu estado de excitação. Lembro-me perfeitamente da impressão que me causava a luz dos lampiões refletida nos flocos de neve enquanto à noite eu dançava a caminho de casa.

Quando o Cieślak apareceu na nossa aula de teatro pela primeira vez, uma aula normal em que estudávamos algumas cenas, eu tinha acabado de ler o *Em Busca de um Teatro Pobre* de Grotowski. As ideias, os métodos de trabalho e a ética que encontrei no livro haviam me impressionado profundamente. Naquela época, eu não tinha entendido exatamente o que Grotowski havia dito – eu atribuía essa falta de compreensão à tradução, que parecia ter perdido algo do original. No entanto, tinha ficado muito impressionado com a qualidade dos espetáculos do Teatro Laboratório, que eu percebia quase fisicamente pulando para fora das fotografias do livro: cada fotografia me capturava, me agarrava com uma espécie de atração visceral.

Quando ouvi dizer que era o Cieślak que viria conduzir o workshop para nós, e não Grotowski, fiquei frustrado, me senti enganado. Achei que o Cieślak não era o número um, e que nós, da Yale, merecíamos o melhor.

Nossa aula de interpretação já havia começado quando o Cieślak entrou na sala. Quase caí da cadeira, nunca tinha sentido uma presença daquela em ninguém. "Meu Deus, é um dinossauro, gente como essa não existe mais. Ele caminha como um tigre". Cieślak se sentou e apenas com sua presença começou a se impor e a dominar toda a turma. Diante dele eu me senti como um estudante dócil, um animal de circo bem amestrado ao lado de uma pantera selvagem. Só com sua presença, e praticamente num silêncio total, ele despojou nosso professor de interpretação de sua autoridade. Em seguida, perguntou a ele: "Diga-nos, o que é Tchékhov para você? O que ele é para *você?*" Uma pequena revolução tomou conta do lugar, fiquei fascinado. Nosso professor de interpretação, um homem muito orgulhoso, ficou completamente atônito, deixou nossa turma com Cieślak e foi embora. Ficamos sozinhos com ele.

O período de trabalho com o Cieślak abriu meus olhos e meu corpo: pude saborear uma outra possibilidade que teve um efeito profundo no meu inconsciente. Comecei a ter vários sonhos selvagens e coloridos. Por exemplo, sonhei que estávamos trabalhando e a sala pegou fogo. Tivemos que pular pela janela para escapar, mas eu não estava com medo do fogo.

Cieślak trabalhava diretamente, sem medo nenhum. Na mesma hora e quase que instintivamente admirei essas qualidades nele. Acho que alguns dos outros estudantes ficaram assustados com essa abordagem direta. Teve uma vez que ele perguntou se alguém queria trabalhar a técnica vocal. Na hora, por timidez, ninguém levantou a mão, até que uma menina conhecida por ter uma voz estridente e aguda se fez voluntária. Cieślak perguntou se ela sabia algum texto de cor, e assim que ela disse o texto, ele tentou ajudá-la a encontrar um ressonador vocal mais grave. Depois de várias estratégias fracassarem, ele chegou até a agarrá-la por trás na região da virilha, sacudindo-a pra cima e pra baixo. Acho que alguns dos estudantes ficaram chocados com esse método, mas em momento algum eu me senti incomodado. Não havia nada de vulgar ou degradante nisso. Na verdade tudo pareceu muito orgânico, como dois ursos brincando. Ele também a fez cantar de cabeça para baixo, equilibrando-se sobre as mãos e com os pés para cima apoiados contra a parede. Esse jeito de fazer as coisas – direto, físico e exigente – nos deixou chocados, nós, alunos da Yale acostumados a tanta conversa e discussão. Cieślak levava o ator direto para os seus limites pessoais, ao mesmo tempo em que emanava um calor potente.

Lembro-me de que uma vez ele disse que a voz humana pode alcançar um registro incrivelmente alto. Perguntou se nunca tínhamos ouvido a nota mais aguda da escala chinesa e se algum de nós não gostaria de descobri-la. Eu me ofereci como voluntário. Falei um texto que sabia de cor tentando usar um ressonador da cabeça, bem alto. Achei que não estivesse funcionando porque ele pediu que eu repetisse a palavra "King--King" subindo cada vez para um registro mais alto. Ele não parava de repetir, quase gritando, "Mais alto!, batendo no ponto

12 TRABALHAR COM GROTOWSKI SOBRE AS AÇÕES FÍSICAS

exato da minha cabeça por onde pensei que o som tivesse que sair. Sua mão se movia ritmicamente em grande velocidade. A força do golpe não incidia diretamente sobre minha cabeça, e sim transversalmente, de forma oblíqua, uns cinco centímetros atrás da parte mais alta do crânio. Ainda que o contato provocasse um som forte, não me machucava. O ressonador que ele estava me indicando fica perto do ponto onde a mão dele tocou meu crânio (a região desse ressonador vocal pode ser vista com precisão no *Em Busca de um Teatro Pobre*, na página 149[1]). Depois desse exercício ele me deixou sentado contra a parede para descansar, sem falar, durante quinze minutos. Pensei que tivesse que repousar minhas cordas vocais, que não estavam acostumadas a esse tipo de trabalho direto. Não tenho palavras para explicar o calor que senti nele no momento em que caminhou comigo até a parede: tinha uma qualidade humana muito forte. A sensação desse calor, junto ao fato de que eu tinha tentado fazer algo realmente desconhecido – não só com minha mente, mas também com outras partes de mim mesmo – levaram-me a sentir uma incrível confiança nele. O Cieślak era assim. Se você estivesse predisposto, com todo calor ele te levava diretamente até os próprios limites.

Um dia ele propôs que nós, estudantes, preparássemos sozinhos uma improvisação e que a mostrássemos pra ele no dia seguinte. Antes de ir embora, ele disse que tínhamos que fazer um esboço preliminar para a improvisação: *não devíamos improvisar sem uma estrutura*, mas *pré-construir* o esboço básico. Isso teria nos dado pontos de referência, como postes de telégrafo, que ele chamou de "repairs"; sem essa estrutura estaríamos perdidos. E aí ele nos deixou sozinhos para trabalhar.

Inventamos a história de um casamento envolvendo todo mundo da turma. Discutimos nossos papéis, as relações que tinham entre si, e criamos um esboço para a improvisação. Mas no dia seguinte, quando fizemos a improvisação com o Cieślak nos assistindo, alguém quebrou a estrutura. Foi um caos total.

---

1 Jerzy Grotowski, *Towards a Poor Theatre*, Holstebro, Denmark: Odin Teatrets Forlag, 1968. [*Em Busca de um Teatro Pobre*, tradução de Aldomar Conrado, Rio de Janeiro: Civilização Brasileira, 1987; *Para um Teatro Pobre*, tradução de Ivan Chagas, Brasília: Teatro Caleidoscópio/Dulcina, 2011 (N. da T.)].

Nosso fluxo não tinha mais um canal por onde escorrer: estávamos completamente perdidos.

Foi aí que o Cieślak tentou nos conscientizar sobre a quantidade de trabalho que a criação de um espetáculo demanda a partir das improvisações. Ele disse que se quiséssemos transformar essas improvisações em espetáculo, cada um teria que pegar o próprio caderno de anotações, dividir uma página em duas colunas e escrever, em uma coluna, da forma mais precisa possível, absolutamente tudo o que tinha *feito* durante a improvisação; e na outra coluna, escrever tudo o que tinha *associado* internamente: todas as ações físicas, as imagens mentais e os pensamentos, as memórias de lugares, as pessoas. Quando o Cieślak falou em "associações", entendi que ele queria dizer: ao mesmo tempo em que você está fazendo suas ações, o olho da sua mente está vendo alguma coisa, como se de repente uma lembrança atravessasse em sua frente. Ele disse que através de tudo o que tivéssemos escrito em nosso caderno, seríamos capazes de reconstruir, memorizar e repetir a improvisação que havíamos acabado de fazer. A partir daí, podíamos trabalhar sobre a estrutura, fazendo mudanças e aperfeiçoando-a até transformá-la em espetáculo.

Esse foi o único momento do workshop em que o Cieślak falou sobre a disciplina que faz parte do ofício do ator, uma disciplina que ele mesmo tinha dominado completamente. Ele nunca *falou* sobre ações físicas. Não acredito que o Cieślak estivesse interessado em nos ensinar o ofício: ele tinha muito pouco tempo com a gente. Pelo contrário, dava a impressão de que percebia em nós algumas limitações graves – limitações interiores – e tentava ajudar os interessados a descobrir algum novo aspecto ou possibilidade. Se essa foi a sua intenção, ele conseguiu tudo o que queria. Imagino que possam acusar esse trabalho de não ter nos colocado diante de nenhuma exigência técnica, reforçando ainda mais aquela espécie de diletantismo que já existia entre nós. Mas eu acredito que sua intenção fosse outra: dar-nos uma amostra de algo muito precioso que com certeza nos faltava.

Lembro-me de um dia que o Cieślak disse que um ator deve ser capaz de chorar como se fosse uma criança, e perguntou se algum de nós era capaz de fazer isso. Uma menina deitou no chão e tentou chorar. Ele disse: "Não, não dessa maneira", e ocupando o lugar dela no chão, transformou-se diante dos nossos olhos em uma criança que chora. Só agora, depois de tantos anos, eu entendo a chave do sucesso do Cieślak nesta transformação. Ele encontrou a *exata fisicalidade* da criança, seu processo físico vivo, que deu suporte ao seu grito infantil. Ele não foi buscar o estado emocional da criança, mas com seu corpo ele se lembrou das ações físicas de uma criança.

Stanislávski é citado dizendo: "Não me fale de sentimentos. Não podemos fixar os sentimentos. Só podemos fixar as ações físicas"[2]. Mas naquela época eu ainda não entendia o processo que existia por trás da transformação do Cieślak. Eu tinha acabado de ver um ator magistral trabalhando. O que ele havia feito era algo incrível de ser visto, no entanto eu não tinha a menor ideia de como alcançar tal resultado sozinho. Impressionado, fiquei com vontade de chegar a fazer algo assim, mas sem o conhecimento de como fazê-lo.

Quase no final do workshop, Cieślak ficou trabalhando por muito tempo em um "*étude*" com um rapaz. Foi aí que eu vi que o Cieślak possuía um vasto conhecimento técnico sobre o ofício do ator. O rapaz tinha que se lembrar do rosto da namorada diante de si. Sem um parceiro real, ele tinha que recriar o modo em que tocava seu rosto, como se ela estivesse lá de verdade e como se eles estivessem sozinhos. Para o ator, só a sua parceira invisível podia existir; nós, espectadores, não. Cada vez que o jovem ator tentava fazer essa ação, ele não conseguia encontrar um sentido de verdade. Ele "interpretava", tentando nos mostrar o quanto se preocupava com ela. O resultado era forçado, não era crível. Cieślak pediu que ele repetisse a ação várias vezes, como se dissesse: "Não, não se concentre nos sentimentos. O que você fez?" Cieślak dirigiu a atenção do rapaz para os detalhes físicos: "Não interprete. Como era a qualidade da pele dela? Em que momento preciso você costuma tocar a pele da sua namorada? O rosto dela é quente ou frio? Como ela reage ao seu toque? Como você reage à reação dela?" Apesar dos incansáveis esforços do Cieślak, o jovem ator não chegou, *com seu corpo*, a se lembrar de verdade. Mas quando alcançou

---

2   Citado por Vasily O. Toporkov, op. cit.,p. 160.

seu momento mais verdadeiro, Cieślak interrompeu-o imediatamente, com certeza para que ficasse com essa última impressão do seu momento mais verdadeiro.

Quando olho para trás, vejo que esse foi meu primeiro *insight* sobre o "método das ações físicas" de Stanislávski. Comparado aos outros trabalhos com o Cieślak, esse "*étude*" pareceu normal, normal demais para meu jovem corpo sedento de aventura. Eu não estava pronto para apreciar o trabalho rigorosamente preciso que o domínio do ofício demanda. Só que mais tarde, com Grotowski, eu descobri que o trabalho sobre as ações físicas é exatamente essa via extremamente rigorosa em que nada pode ser feito "em geral".

"*Em geral* – disse Stanislávski – é o inimigo da arte"[3]. Cieślak sabia de tudo isso por experiência própria. Muitas vezes ele fazia demonstrações que nos deixavam de boca aberta, maravilhados. Porém permanecia a mesma pergunta: "Como foi que ele fez isso?" O resto do seu trabalho não exigiu muito de nós tecnicamente, como aconteceu com esse "*étude*" feito pelo jovem ator; então, eu não recebi nenhuma resposta prática.

No entanto, começamos a redescobrir como brincar, assim como fazem as crianças. Éramos todos jovens, mas alguma coisa em nós já tinha começado a endurecer, não só fisicamente, mas também psicologicamente. Já estávamos carregando vários medos. Talvez tenha sido isso o que o Cieślak percebeu e atacou em seu workshop. Ele parecia bem mais jovem que a gente, mesmo já tendo 47 anos. Eu não tenho certeza do que era tão jovem no Cieślak, mas havia algo leve em seus olhos e ao seu redor. Apesar da sua idade, ele tinha esse algo, e nós não; era desse "algo" que vinha a sua juventude. Uma vez, quando estávamos com preguiça durante uma série de exercícios, ele nos estimulou dizendo: "Vocês são todos jovens! Olhem para si mesmos! E eu, eu sou velho!" E com a confiança de um gato ele deu um salto com a cabeça pra baixo, ficou se equilibrando em cima de um ombro, e depois deu outro salto pra cima, ficando novamente de pé. Ficávamos todos impressionados com sua agilidade e, principalmente, com sua falta de hesitação. Se ele tivesse pedido a qualquer um de nós para fazer

---

3 Sonia Moore, op. cit., p. 23. (Grifo meu).

a mesma coisa, teriam se passado pelo menos cinco segundos de hesitação, porque o candidato teria que pensar em como fazer aquilo. Mas em Cieślak não havia hesitação, seu corpo pensava durante o próprio processo do fazer.

Esse workshop me deixou meio confuso. Vi que tanto em mim como no teatro havia uma possibilidade bastante profunda, mas eu continuava sendo tão amador quanto antes. Eu não tinha nem a técnica nem o conhecimento para alcançar nível nenhum.

Seis anos depois, durante a "Homenagem a Ryszard Cieślak", feita após sua morte, Grotowski falou do Cieślak em *O Príncipe Constante*:

Quando penso em Ryszard Cieślak, penso em um ator *criativo*. Acho que ele era realmente a encarnação de um ator que atua como um poeta escreve, ou como Van Gogh pintava. Não se pode dizer que ele era alguém que interpretava papéis impostos, personagens já estruturados, pelo menos do ponto de vista literal, porque ainda que seguisse o rigor de um texto escrito, ele criava uma qualidade completamente nova. […]

É muito raro que uma simbiose entre um pretenso "diretor" e um pretenso "ator" possa ultrapassar todos os limites da técnica, da filosofia, ou dos hábitos ordinários. Esse processo alcançou uma tal profundidade que muitas vezes era difícil saber se eram dois seres humanos que trabalhavam ou um ser humano duplo. […]

Agora vou tocar num ponto que era uma particularidade do Ryszard. Era necessário não empurrá-lo e não assustá-lo. Assim como um animal selvagem, quando ele perdia o medo poderíamos dizer, aquele jeito de ficar fechado em si mesmo, sua vergonha de ser visto, ele podia progredir por meses e meses com uma abertura e uma total liberdade, uma liberação de tudo aquilo que, na vida, e mais ainda no trabalho do ator, nos bloqueia. Essa abertura era como uma confiança extraordinária. E depois que conseguia trabalhar assim durante vários meses, sozinho com o diretor, ele então podia estar na presença dos seus colegas, os outros atores, e em seguida, até na presença dos espectadores; aí ele já tinha entrado numa estrutura que, através do rigor, lhe dava segurança.

Por que eu acho que ele era um ator tão bom quanto, em outro campo da arte, Van Gogh, por exemplo? Porque ele sabia como encontrar a conexão entre o dom e o rigor. Quando ele tinha uma partitura de atuação, ele sabia como mantê-la nos mínimos detalhes. Isso – isso sim é o rigor. Mas havia algo misterioso por trás desse rigor que sempre surgia em conexão com a confiança. Era o dom, o dom de si – nesse sentido, o dom. Mas atenção! Não era um dom para o público, que nós dois juntos considerávamos um putanismo! Não. Era o dom para algo muito mais elevado, que nos ultrapassa, que está acima de nós e que também, poderíamos dizer, era o dom para o seu trabalho, ou era o dom para o nosso trabalho, o dom para nós dois. [...]

O texto fala de torturas, de dores, de uma agonia. O texto fala de um mártir que se recusa a se submeter às leis que não aceita. Então o texto – e com o texto a encenação – é consagrado a algo tenebroso, algo supostamente triste. Mas enquanto eu trabalhava como diretor com Ryszard Cieślak, nunca tocamos em nada que fosse triste. O papel se baseava totalmente num momento muito específico de sua memória pessoal, relacionado ao período da adolescência, quando ele viveu sua primeira grande e extraordinária experiência amorosa. Tudo estava ligado a essa experiência. Fazia referência a esse tipo de amor que, como só pode acontecer na adolescência, traz toda a sua sensualidade, tudo o que é carnal, mas, ao mesmo tempo, por detrás disso, traz algo totalmente diferente que não é carnal, ou que é carnal de outra forma, e que é muito mais como uma prece. É como se, entre esses dois aspectos, aparecesse uma ponte que é uma prece carnal. [...]

E mesmo durante meses e anos de trabalho preparatório, mesmo quando estávamos sozinhos nesse trabalho, sem os outros membros do grupo, ninguém podia dizer que aquilo era uma improvisação. Era um retorno aos impulsos mais sutis da experiência vivida, não simplesmente para recriá-la, mas para voar rumo a essa prece impossível. Mas sim, todos os pequenos impulsos e tudo aquilo que Stanislávski teria chamado de ações físicas (ainda que, na interpretação dele, estivessem mais ligadas a outro contexto, aquele do jogo social, e aqui não tinha nada a ver com isso), ainda que tudo fosse como que reencontrado, o verdadeiro segredo era sair do lugar do medo, da recusa de si mesmo, sair dali, para entrar num grande espaço livre onde não se pode ter medo nenhum e nem esconder nada. [...]

O primeiro passo para esse trabalho era que Ryszard Cieślak tinha que dominar o texto completamente. Ele aprendeu o texto de cor, absorveu-o de tal forma que podia começar no meio de uma frase de qualquer fragmento, sempre respeitando a sintaxe. A essa altura, a primeira coisa que fizemos foi criar as condições para que ele, da maneira mais literal possível, inserisse esse fluxo de palavras no rio da memória, da memória dos impulsos do seu corpo, da memória das pequenas ações, e com ambos decolar, decolar, como na sua primeira experiência: digo primeira no sentido de sua experiência de base. Essa experiência de base foi luminosa de um modo indescritível. E foi a partir dessa coisa luminosa – fazendo a montagem com o texto, com o figurino que tinha o Cristo como referência, ou com as composições iconográficas que o rodeiam e que também fazem alusão a ele – que surgiu a história do mártir, mas nunca trabalhamos com o Ryszard partindo do mártir, muito pelo contrário. [...]

Podemos dizer ainda que eu demandei tudo dele, uma coragem que num certo sentido era desumana, mas nunca pedi que produzisse um efeito. Ele precisava de mais cinco meses? Ok. Mais dez meses? Ok. Mais quinze meses? Ok. Então trabalhávamos devagar. E depois dessa simbiose, ele tinha uma espécie de segurança total no trabalho, não tinha medo nenhum, e nós vimos que tudo era possível porque não havia medo[4].

Assim que o Cieślak foi embora da minha universidade, eu pensei: "Tenho que encontrar o Grotowski", a fonte da mestria do Cieślak. Fui me informar sobre bolsas de estudo para a Polônia, mas todas exigiam que eu falasse polonês. Algumas semanas depois, fiquei pasmo quando o diretor do nosso Departamento de Estudos Teatrais anunciou que o próprio Grotowski ia chegar. Ele viria para fazer uma seleção de estudantes da Yale que iriam trabalhar durante duas semanas, naquele verão, em seu Objective Drama Program da Universidade da Califórnia, em Irvine. Grotowski havia emigrado da Polônia dois anos antes. Quando chegou à Yale, eu passei na seleção, e naquele verão de 1984, junto de outros onze estudantes, parti para a Califórnia.

Lembro que, antes de partirmos, o diretor do Estudos Teatrais disse que, pelas suas conversas com Grotowski durante o período da seleção, ele tinha entendido que, de alguma forma, quando Grotowski trabalhava com um ator era como se ele vivesse através desse ator. Nosso diretor frisou que se isso acontecesse com qualquer um de nós durante o workshop, não deveríamos hesitar ou resistir. Ele nos encorajou em nosso caminho.

---

4 Jerzy Grotowski, Le Prince Constant de Ryszard Cieślak: Rencontre "*Hommage à Ryszard Cieślak*, 9 décembre 1990", organizado pela Académie Expérimentale des Théâtres em colaboração com o Théâtre de l'Europe, em *Ryszard Cieślak, acteur-emblème des années soixante*, obra coletiva sob a direção de Georges Banu, Paris: Actes Sud-Papier, 1992, p. 13-19.

O Workshop
no Objective Drama Program

Trabalhando com Grotowski durante duas semanas na Califórnia, comecei a entender o significado de *improvisação dentro de uma estrutura*.

Na Yale University, muitas vezes eu improvisava como músico, tendo estudado saxofone e clarinete por sete anos. Com um professor de música e alguns outros músicos, formamos uma banda de improvisação livre. Nossas improvisações não tinham estrutura e nunca podiam ser repetidas: a competência musical e nossa habilidade para ouvir e reagir com sons eram os únicos elementos estruturais. No entanto, em Irvine, Grotowski enfatizou muitíssimo a necessidade de uma estrutura quando alguém improvisa. Muitas vezes, quando falava de improvisação, ele dava o exemplo do "primeiro jazz". Dizia que os músicos do primeiro jazz tinham entendido que as improvisações só podiam existir dentro de uma estrutura definida: eles dominavam seus instrumentos e partiam de uma melodia de base. Suas improvisações começavam a ser elaboradas a partir dessa melodia de base, que era a estrutura que eles possuíam, e com a qual se mantinham em relação. Sempre que Grotowski dava esse exemplo, frisava que estava falando do *primeiro* jazz.

Um dia antes do início do workshop, Grotowski veio ao nosso dormitório para falar conosco. Eu me lembro dele dizendo que no dia seguinte tínhamos que apresentar "alguma coisa" para ele e seu time de quatro assistentes. Devíamos criar uma apresentação baseada no que pensávamos que viria a ser o trabalho com ele. Alguns de nós podiam ter tido sonhos diurnos sobre o trabalho. Devíamos criar esse "alguma coisa" em torno do que havíamos imaginado, do que havíamos sonhado que poderia ser o trabalho com ele. Grotowski nos deixou para que pudéssemos prepará-la, mas não sabíamos por onde começar. Tínhamos chegado esperando que ele nos dissesse o que fazer; estávamos prontos para ser passivos e nos deixarmos levar. Ele nos surpreendeu pedindo que fôssemos ativos. Decidimos fazer uma improvisação: cada um de nós inventaria um fragmento da improvisação e, no dia seguinte, guiaria os outros dentro dela. Levamos apenas alguns minutos para encontrar nossas propostas individuais, então passamos o resto do dia na praia.

No dia seguinte chegamos ao espaço de trabalho do Grotowski para fazer nossa apresentação. Enquanto improvisávamos, eu achava que estávamos fazendo algo muito intenso. Tínhamos nos amontoado num grupo e inventado uma canção, espontaneamente criamos danças rituais, fomos para fora (o espaço de trabalho ficava na beira do deserto) e, virados para o sol, batemos bastões uns contra os outros fazendo o sinal da cruz, ao mesmo tempo em que improvisávamos algumas salmodias. Corremos descalços para o deserto nos sentindo meio animais. Os arbustos afiados do deserto cortaram nossos pés. Então Grotowski interrompeu nossa improvisação e perguntou se todos nós tínhamos sido vacinados recentemente contra o tétano. Três de nós que não haviam tomado a vacina foram mandados ao hospital para receber a nova dose.

Apesar do final confuso da nossa improvisação, depois de tudo eu me sentia esgotado e feliz comigo mesmo. Nem meus pés feridos me incomodaram muito: eles reforçaram minha convicção de que tínhamos "feito realmente alguma coisa".

Em sua análise, Grotowski deixou todo o grupo chocado quando agradeceu por termos mostrado a ele todos os clichês do "parateatro" (ou "teatro participativo"). Ele disse que no "parateatro" é inevitável que alguns clichês apareçam, e estava maravilhado pelo fato de terem aparecido numa apresentação feita por estudantes jovens como nós, que ainda não tinham sido expostos a esse tipo de trabalho e nem haviam aprendido esses clichês de outras pessoas. E assim ele tinha tido a oportunidade de ver que esses clichês eram banalidades humanas universais, não se limitavam apenas a certos grupos de pessoas envolvidas nesse tipo de trabalho. Grotowski fez uma lista: carregar uma pessoa no ar como se estivesse morta; lançar-se contra o chão numa pseudocrise; gritar; amontoar-se em grupo e cantar cantos improvisados com sílabas como "ah ah" ou "lá lá" etc. Ele disse que muitas vezes, antes de poder começar qualquer trabalho de verdade, um ser humano deveria vomitar todas essas banalidades. Sendo assim, em nosso trabalho com ele, desde o início tínhamos que fazer uma lista dessas banalidades, e evitá-las completamente: nossa improvisação tinha nos servido como uma aula perfeita para que víssemos exatamente o que *não deveríamos fazer* em nosso trabalho com ele.

Ainda que os assistentes de Grotowski viessem de países diferentes, o workshop ficou centrado em alguns cantos tradicionais haitianos; considerando suas melodias, não podíamos improvisar. Uma vez, enquanto aprendíamos um canto, um dos membros do nosso grupo, um músico, começou a improvisar um contracanto. Nessa hora, Maud Robart, a mulher haitiana que conduzia o canto, parou bruscamente e disse a ele com vigor: "*Sem improvisações*".

Passamos muitos dias só aprendendo as melodias. Depois tivemos que aprender a cantar no ritmo fazendo a sala ressonar com nossas vozes de uma maneira bem específica. Praticávamos esses elementos várias horas por dia. Também trabalhamos em cima de duas danças que deviam acompanhar os cantos. Tiga (Jean-Claude Garoute) e Maud, os assistentes haitianos de Grotowski, fizeram com que nos confrontássemos imediatamente com os rigores do ofício performático. Antes de termos qualquer oportunidade de improvisar, já havíamos memorizado e absorvido os cantos completamente. Improvisação significava que teríamos mantido o canto e a dança específicos sem nenhuma alteração, improvisando apenas o deslocamento no espaço e o contato entre as pessoas. Muitas vezes, porém, até esses elementos eram indicados pelos assistentes que conduziam a improvisação. Portanto, a estrutura era fortemente presente.

Naquele momento, eu não me dava conta de que estava testemunhando os dois aspectos mais importantes do processo criativo no teatro, os dois polos que dão a um espetáculo o seu equilíbrio e a sua plenitude: de um lado, a forma; do outro, o fluxo da vida – as duas margens do rio que permitem que ele flua tranquilamente. Sem essas margens só haveria inundação, pântano. Esse é o paradoxo do ofício do ator: o equilíbrio da vida cênica só pode aparecer a partir da luta entre essas duas *forças opostas.*

Precisão / Forma   Fluxo da Vida

Esse workshop com Grotowski enfatizou a necessidade de uma estrutura durante a improvisação, uma estrutura estritamente controlada. Quando fazíamos uma improvisação com os cantos haitianos, sempre havia um condutor, ou um time de condutores, que nós, estudantes, devíamos seguir de perto.

Não posso dizer que fui treinado tecnicamente nesse primeiro workshop com Grotowski. Não havia tempo suficiente para isso. Mas pude experimentar outra coisa bastante profunda e, assim como aconteceu depois do workshop com o Cieślak, eu me senti muito confuso. Os cantos tiveram um efeito muito forte sobre mim; continuaram vivos, cantando dentro de mim durante muito tempo após o fim do trabalho, mesmo através do sono. Muitas vezes, depois do trabalho, alguns de nós costumávamos ir a um restaurante chamado Bob's Big Boy. Um dia chegamos lá, nos sentamos e começamos a nos olhar de um jeito muito estranho. De repente começamos a rir de forma incontrolável: esse riso espontâneo durou um bom tempo. Parecia que todos nós havíamos tido o mesmo impulso espontâneo, pular sobre a bancada e atacar o cozinheiro. A qualidade do meu sono também havia mudado. Às vezes eu acordava no meio da noite e me via nadando na cama como se fosse um peixe; ou sonhava que, por exemplo, estava correndo no deserto e saltava no ar para evitar cair num buraco, e aí acordava de supetão porque meu corpo também tinha saltado na cama com o mesmo impulso do sonho. Meus sonhos estavam se tornando mais vivos e coloridos.

Um ponto que era extremamente interessante para mim, algo que percebi durante o workshop, tinha a ver com a qualidade da presença do Grotowski. Quando ele estava no espaço de trabalho, eu sentia uma mudança significativa desse mesmo espaço. Não posso explicar isso em palavras. Eu achava que, talvez, só estivesse um pouco nervoso, ele era um homem famoso. Mas não. Eu sempre sentia quando ele estava olhando para mim, era como se seus olhos estivessem tocando.

Um dia fizemos uma improvisação. Grotowski nos explicou que cada canto antigo possui um modo de se mover que é codificado, *um único modo*: cada canto contém, escondido dentro de si, um modo próprio e distinto de se mover. Alguns dos assistentes do Grotowski cantavam, repetindo um ciclo predeterminado de cantos haitianos, enquanto outros assistentes acompanhavam com os tambores. Cada estudante tinha que buscar a dança "codificada" de cada um desses cantos; com seu corpo, eles tinham que tentar redescobrir o modo de se mover dentro de cada canto, enquanto os assistentes cantavam e repetiam o ciclo dos cantos.

No começo minha mente estava conduzindo a busca dessas danças, eu estava fazendo uma interpretação mental dos cantos. Deduzi que um deles, por exemplo, devia ser um canto de trabalho, então imitei um trabalho manual, fazendo com que esses movimentos se tornassem uma dança repetitiva. Bom, dançamos durante muito tempo, acho que várias horas seguidas, sem parar. A certa altura, como minha exaustão física havia aumentado, minha mente tinha ficado cansada e calma: era mais difícil dizer ao meu corpo como interpretar o canto. E foi aí que, por alguns breves momentos, senti como se meu corpo tivesse começado a dançar sozinho. O *corpo* conduzia o modo de se mover, a mente tinha se tornado passiva. Senti os olhos do Grotowski em cima de mim, uma impressão clara, uma sensação física, como se eu estivesse sendo tocado. Logo depois Grotowski interrompeu a improvisação bruscamente. Assim que saímos do espaço de trabalho, ele se aproximou de mim e disse: "Sim, você estava indo na direção certa".

Não posso descrever o peso contido atrás de suas palavras no momento em que ele disse isso. Não era apenas ter recebido um elogio. Eu já tinha recebido outros elogios na minha vida, o bastante para que me sentisse superorgulhoso de mim e do que pensava que fosse o meu talento. O que me deixou perplexo com relação a Grotowski, como se naquele momento eu tivesse levado um golpe, era exatamente aquela coisa que eu não sabia descrever com palavras, que tentei descrever antes como tendo a ver com a presença. Agora só consigo descrever isso como um peso que tinha muito calor. Isso me levou a ter um incrível senso de orgulho, um orgulho que eu nunca tinha experimentado antes. Não era algo trivial, não tinha a ver com vaidade, era algo diferente, talvez relacionado com realização. O peso e o calor que havia atrás das palavras de Grotowski, e não as palavras em si, deixaram essa forte impressão em mim.

Na última noite do workshop, cada um de nós teve a chance de falar com Grotowski sozinho. Quando chegou a minha vez, ele disse que meu trabalho tinha sido bom, e perguntou o que eu faria depois. Eu disse a ele que voltaria a Nova York para terminar um espetáculo no qual já havia começado a trabalhar.

Senti muita confiança no meu potencial como ator, e agora, depois que o Grotowski disse que eu tinha trabalhado bem no workshop dele, na minha cabeça isso veio a se confirmar. Desde pequeno, eu tinha a ingenuidade de achar que a aprendizagem terminava com a universidade. Depois a vida não seria nada mais que um passeio. Em algum momento eu me casaria, teria filhos, me tornaria um astro famoso, provavelmente vencendo um Tony Award. Tudo isso parecia normal e natural.

Então, todo cheio de mim, eu estava pronto para voltar a Nova York e me tornar um ator de peso, pronto para surpreender o mundo com o mais profundo da minha alma. Estava convencido de que havia algo muito profundo em mim, e eu estava bastante pronto para "expressar isso". O que entendi como o meu sucesso no workshop do Grotowski só veio a confirmar isso.

Em Nova York

Achei um emprego de garçom para me manter economicamente enquanto começava a ensaiar com um grupo de teatro jovem. Preparávamos uma tragédia clássica e tínhamos nos comprometido a ensaiar durante bastante tempo. Cada um do grupo era, a seu modo, um seguidor ou grande admirador de Grotowski. Trabalhávamos em busca de grandes resultados, sem economizar esforços e tentando criar uma forma física de expressão. Sérios, até mesmo seríssimos, adorávamos nos reunir depois dos ensaios para menosprezar o mundo banal do teatro normal; rindo e gozando daqueles que considerávamos superficiais.

Ensaiamos durante nove meses. No período de ensaio dedicado às improvisações, todos nós pensávamos que estávamos caminhando na direção de um espetáculo extremamente vivo, e a essa altura havia realmente algo extremamente vivo. Mas logo depois vimos que precisávamos *estruturar e fixar* os elementos para poder criar a história. A data da estreia estava se aproximando. E aqui surgem os problemas: fixamos a linha física *em movimentos, não em ações*. Fixei meus movimentos físicos como uma dança, mas sem a precisão de uma verdadeira coreografia.

Também estávamos interessados na "máscara facial", tal como Grotowski a definia no *Em Busca de um Teatro Pobre*, de maneira que para cada um dos meus personagens eu desenvolvi uma "máscara" construída por meus músculos faciais. Muito tempo depois, compreendi que nosso modo de elaborar esse elemento era, na prática, um total mal-entendido com relação ao que Grotowski queria realmente dizer.

Muitos anos mais tarde, Grotowski falou comigo sobre as máscaras faciais que seus atores usaram em *Akropolis*, e como chegaram até elas. As máscaras faciais em *Akropolis* não estavam congeladas e nem tinham sido construídas por alguma razão formal, mas, ao contrário, estavam diretamente relacionadas à lógica interior das pessoas em circunstâncias específicas. A base do espetáculo *Akropolis* do Teatro Laboratório era a situação dos judeus em Auschwitz e, particularmente, dos que eram mantidos em vida no campo durante um tempo, antes de serem exterminados. Os atores tentavam compreender essa situação incompreensível; talvez tenham pensado que numa situação de opressão extrema surja um modo interior de falar, uma fórmula repetida – por exemplo, algo como "Ainda o mesmo?" Cada ator descobriu sua máscara facial repetindo uma fórmula interior específica e permitindo que ela esculpisse seu rosto, praticamente até formar algumas rugas.

Em essência, eles seguiram o mesmo processo que acontece na vida, quando o rosto de uma pessoa, após alcançar uma certa idade, começa a ganhar as características de uma máscara, porque reações repetidas esculpiram aquelas rugas. No entanto, o modo com que os atores de Grotowski trabalharam as máscaras faciais estava diretamente relacionado à lógica interior da pessoa. Em outras palavras, ao que Stanislávski chamou de monólogo interior.

Entretanto, como fiz uma má interpretação do trabalho de Grotowski com a máscara facial, comecei a fixar as "máscaras" com os músculos do meu rosto. Interpretei vários personagens diferentes, então para cada um eu retorcia meu rosto numa forma diversa, pensando que, de alguma maneira, aquilo seria intenso ou interessante. Cheguei a construir essas "máscaras" usando um espelho. Começamos a fixar as *formas exteriores*, e a vida interior de nossas várias improvisações foi morrendo devagar: não tínhamos técnica para fixar essa vida interior. Como podíamos capturá-la de novo, repetindo uma vez após a outra? À medida que nos aproximávamos da estreia, dizíamos o texto mais mecanicamente. A antiga poesia, que já tinha sido viva, foi ficando cada vez mais vazia. Eu me concentrava nos meus movimentos físicos, nas minhas máscaras faciais, nas minhas entonações vocais, e perdia completamente o contato com meus parceiros. No dia da estreia, tinha me transformado numa marionete cega e surda sobre o palco.

O espetáculo foi duramente criticado. Isso não me surpreende. Havíamos lutado para fazer algo mais profundo que o teatro normal; acreditávamos que éramos superiores, mas o resultado é que só havíamos criado um teatro banal. Nossas ações tinham se tornado rígidas e forçadas. A chave de todo esse desastre não estava na falta de compromisso e, apesar de jovem, o diretor era um artista muito inteligente e cheio de qualidades. Mas ainda que seu compromisso fosse transbordante, e o nosso também, no final não tínhamos nem a técnica para fixar um processo vivo nem a habilidade para repeti-lo.

Depois dessa experiência, ainda atuei em mais dois espetáculos, ambos apresentados no Greenwich Village, Nova York. Nessas produções, como os períodos de ensaio eram curtos – de três a quatro semanas – os problemas eram outros. Os atores não trabalhavam para a peça em que estavam atuando, mas para a *próxima* peça: o valor do trabalho presente reside apenas em sua função de trampolim. A cada dez minutos de pausa, os atores corriam para o telefone e entravam em contato com seus agentes para saber se tinham arrumado novos trabalhos ou seleções. Cada um estava focado na própria "carreira", e não no trabalho que tinham nas mãos. A concentração estava completamente dispersa; cada um trabalhava para si mesmo.

No entanto, nesses espetáculos, o texto era dito de modo menos mecânico que na tragédia clássica, quando ensaiamos por nove meses. Mas por quê? Não por causa de alguma técnica ou de uma elaboração verdadeira, mas simplesmente porque tivemos menos tempo – mal tínhamos tempo para decorar as próprias falas, imagine então para permitir que se tornassem mecânicas! De qualquer forma, tenho que admitir que minhas frases ficaram sem vida, apesar do nosso curto período de ensaio;

meus monólogos, que no começo eram cheios de vida, algumas semanas depois ficaram reduzidos a um eco sem vida. Eu reproduzia tons e inflexões, mas não uma ação viva.

Eu me dei conta de que não possuía nenhuma técnica e que talvez fosse melhor ir estudar numa escola de teatro. Alguns dos outros integrantes do grupo, que tinham tido mais sucesso que eu, haviam frequentado escolas de teatro; no entanto alguma coisa dentro de mim se incomodava com essa perspectiva. Vi que essas escolas de teatro ensinavam aos seus alunos uma técnica para ajudá-los a se dar bem no "business" do teatro, já que ele existe, mas eu tinha enormes dúvidas se queria fazer parte desse "business" ou não. Será que eu realmente queria trabalhar em espetáculos nos quais meu parceiro de cena não ia me apoiar, mas, na verdade, se esforçaria para que eu me desse mal, porque ele queria aparecer bem diante de um agente imaginário que estaria sentado no meio do público naquela noite? Seu "superobjetivo" estava no público. Stanislávski lutou contra isso durante toda a sua vida.

Eu não sabia mais *para quê* estava trabalhando. Ao que estaria servindo com esse tipo de trabalho?

Esses pensamentos me incomodavam, só que um dia tudo isso chegou no limite. Tive uma entrevista com uma grande agência teatral; eles tinham visto meu trabalho e estavam prontos para negociar minha "colocação no mercado" como ator. Cheguei ao encontro e o agente foi logo perguntando quais eram meus sentimentos com relação à arte e o que eu queria alcançar no teatro. De repente ele interrompeu minha resposta no meio e disse: "Bob?... Sim, leve ele para essa seleção na Universal". Mas meu nome é Thomas... Eu não sabia o que estava acontecendo, então continuei falando da arte até que me dei conta de que enquanto eu falava, o pequeno auricular do telefone dele – que estava sempre em sua orelha – de uma hora pra outra começou a funcionar, conectando-o a Hollywood: sem interromper nossa conversa, e ainda olhando nos meus olhos, ele iniciou uma negociação de algum outro ator em Hollywood.

Então comecei a pensar: o que a arte tem a ver com isso? Será que todo esse papo sobre arte não era na verdade uma mentira, para deixar minha consciência tranquila e ocupada com seu sonho pseudoartístico, enquanto eu e ele, juntos, tentávamos imaginar em qual caixinha simpática eu poderia me inserir, para ser vendido da melhor forma possível como um bem de consumo?

Depois dessa entrevista, fiquei cheio de dúvidas sobre me tornar um ator ou não. O único lugar onde eu tinha intuído um profundo respeito pelo ofício do ator foi com Grotowski. Se fosse me tornar um ator, era claro que eu precisaria trabalhar com alguém que me ensinasse como fixar o processo vivo, para que pudesse ser repetido; alguém cuja ética artística não tivesse sido corrompida pela demanda do "business", que precisa de um produto imediatamente vendável. Só no trabalho com Grotowski eu senti esse tipo de integridade. Então resolvi trabalhar com ele, a qualquer custo.

Soube que Grotowski ia conduzir um workshop de dois meses na Itália durante o verão, mas que antes, na primavera, daria uma palestra no Hunter College de Nova York. Resolvi assistir à palestra, assim perguntaria a ele pessoalmente se poderia participar do workshop que aconteceria na Itália durante o verão.

Grotowski Fala
no Hunter College

A primeira vez que ouvi Grotowski falar de ação física foi numa conferência que ele fez em 1985, no Hunter College de Nova York. Ele deu uma palestra sobre Stanislávski. Entre outras coisas, falou do trabalho de um ator russo que viu atuar num drama de Tolstói, *Os Frutos da Civilização*. O personagem que o ator interpretava falava praticamente durante um ato inteiro. Trata-se de um professor interessado em fenômenos parapsicológicos que visita a casa de alguns amigos e tenta convencer os presentes sobre suas teorias. O ato inteiro gira em torno do discurso que esse professor faz para os outros personagens. Grotowski disse que a probabilidade do espetáculo ser chato era muito alta e que a tarefa do ator era realmente difícil: ele tinha que dominar um monólogo enorme que, pior ainda, era uma palestra. Mas foi um espetáculo de alto nível. Por quê? Graças ao uso que o ator fez do "método das ações físicas".

Grotowski disse que os únicos acessórios usados pelo ator eram, por exemplo, os pequenos objetos cotidianos de um professor. À medida que Grotowski falava, ele usava os objetos que se encontravam em cima da mesa, à sua frente: cachimbo, limpador de cachimbos, tabaco etc., lembrando com seu próprio corpo, em alguns momentos, o trabalho desse ator, recriando suas ações na nossa frente.

Sim – continuou Grotowski –, esse ator estava dando uma palestra para os outros personagens, mas qual era a sua "partitura física"? Era a *luta por atenção, o reconhecimento dos aliados e dos adversários* (através da *observação* dos ouvintes), buscando o apoio dos aliados, dirigindo seus ataques aos personagens que ele suspeitava que fossem os adversários etc. Era a *partitura de uma batalha*, e não de uma palestra. Grotowski tentou se lembrar: será que ele utilizou seus pequenos objetos? Pegar um cigarro, acendê-lo...? Grotowski disse que a dança do ator com esses pequenos objetos podia ter sido uma série de atividades vazias. Mas foi o *por quê* e o *como* que fizeram com que fossem *ações físicas*, e não atividades. Imaginemos, por exemplo, que o personagem pegue um cigarro; na verdade ele está despistando, ganhando tempo para pensar em seu próximo argumento. Depois ele bebe um copo d'água; mas na realidade faz isso para observar os outros, para ver quem está ao seu lado, quem concorda com ele. Talvez ele se pergunte: "Será que eu os convenci, ou não? Sim, a maioria deles está convencida, menos aquele cara sentado na poltrona!" Então ele retoma seu discurso para "quebrar" esse sujeito, dirigindo todo o seu ataque contra ele.

O próprio Grotowski começou a fazer as pequenas ações físicas do personagem, e nós nos tornamos seus parceiros, ouvindo: ele utilizou as atividades com seus objetos pessoais (pipa, copo d'água etc.) e as transformou em ações físicas dirigidas a nós, observando quem estava ao seu lado e quem não estava. Quem era seu inimigo? Uma batalha ativa para nos convencer começou a ganhar vida.

O ator russo de quem Grotowski falou, usando uma partitura de ações físicas na relação com seus parceiros, transformou o enorme monólogo numa batalha. Alguns anos depois, descobri que o ator que interpretou o professor descrito por Grotowski foi Vasily Toporkov, o discípulo de Stanislávski que escreveu em profundidade sobre o "método das ações físicas" em seu livro *Stanislavsky in Rehearsal*. Grotowski considera esse livro o mais importante documento – ou descrição – sobre o modo de Stanislávski trabalhar o "método das ações físicas".

Em sua palestra no Hunter College, Grotowski também fez uma demonstração de outra ação física que era ao mesmo tempo simples e muito complexa. "Vamos tomar como exemplo a ação de 'lembrar'" – ele disse. "Se alguém está se lembrando de alguma coisa, deve observar o que acontece em seu corpo". Grotowski tentou se lembrar de algo: a posição de sua espinha dorsal mudou, ficando mais ereta; sua cabeça inclinou-se um pouco para baixo; sua mão ficou suspensa no ar. Ele falou que podia sentir fisicamente que essa memória estava em algum lugar atrás dele; nesse momento, para ele, estava em um lugar preciso, a pouco mais de um metro atrás de sua cabeça. Isso parecia muito importante: a memória estava *localizada no espaço com precisão*; e quase imperceptivelmente, mas de forma clara, seu corpo se curvou na direção desse lugar. Ele realizou todos esses detalhes físicos com a intenção de recordar algum fato esquecido, e nós vimos alguém a ponto de se lembrar de alguma coisa.

Nessa demonstração, qual era a ação física? Era o modo de Grotowski buscar a memória, e *por causa disso*, seu modo de manter a espinha dorsal, o ritmo de sua mão suspensa no ar, a firmeza e a duração de seu olhar; era sua busca interior pela memória exata que estava projetada no espaço, seu corpo percebendo essa memória atrás dele, e curvando-se sutilmente para trás, para encontrá-la. Podemos ler claramente o que ele estava fazendo através das ações físicas do seu corpo, que estava buscando algo, como se perguntasse, "Onde ela está? Onde ela está?"

"Atividades não são ações físicas", repetiu Grotowski várias vezes. Em seguida, ele fez uma demonstração muito clara sobre a diferença entre atividades físicas e ações físicas. Fez isso usando seu copo d'água: levantou o copo até a boca e bebeu. Uma atividade – ele disse – banal e desinteressante. E aí ele bebeu água nos observando, atrasando seu discurso para se dar o tempo de pensar e de enquadrar seu adversário. A atividade se converteu em uma ação física, viva. Agora ela tem um ritmo específico próprio, que nasceu daquilo que ele estava fazendo, o que, por sua vez, nasceu das circunstâncias. Se eu lia seu corpo, entendia sua intenção: "Será que ele nos colocou – nós, seus adversários – no lugar que queria, ou não?" Ele bebe para se dar o tempo de ver, de julgar, de criar uma estratégia específica para, depois, passar ao ataque.

Grotowski sempre frisou que o trabalho sobre as ações físicas é a chave para o ofício do ator. Um ator deve ser capaz de repetir a mesma partitura muitas vezes, e ela deve ser viva e precisa a cada vez. Como podemos fazer isso? O que um ator pode fixar, assegurar? Sua linha de ações físicas. É como a partitura para um músico. A linha de ações físicas deve ser elaborada no detalhe e memorizada por completo. O ator deve ter absorvido essa partitura de tal forma que não precisa pensar, de jeito nenhum, *no que fazer depois*.

Quando Grotowski terminou de falar, fui procurá-lo. Nossa conversa foi rápida. Lembrei-lhe que havia trabalhado com ele durante duas semanas em Irvine no verão anterior, então perguntei se poderia participar do workshop que aconteceria na Itália no próximo verão. Ele pensou por alguns segundos e respondeu: "Sim. Você e M. podem vir. Mais ninguém" (M. era outro ator de Yale que trabalhou com Grotowski naquelas duas semanas na Universidade da Califórnia, em Irvine. Depois eu vim a saber que M. havia escrito uma carta para Grotowski perguntando se poderia trabalhar com ele novamente naquele verão).

Durante essa palestra no Hunter College, ouvi pela primeira vez uma explicação teórica sobre o "método das ações físicas" de Stanislávski. Naquela época eu pensei: "Entendi. Como método parece bastante simples, é lógico. Está bem, essa coisa é fácil demais; agora, como ter acesso à revelação interior?" Mas naquele verão, na Itália, eu começaria a aprender que ter a compreensão de algo apenas com a mente é muito diferente do que ser capaz de *fazer* algo. Saber algo é outra coisa, está mais relacionado à capacidade que uma pessoa tem de fazer, de pôr em prática. Depois dessa palestra, ingenuamente, achei que minha compreensão mental do "método das ações físicas" fosse suficiente.

O Trabalho em Botinaccio:
Um Ataque ao Diletantismo

Lembro que naquele verão, pouco antes de partir para a Itália, meu pai caçoava de mim por causa da minha iminente viagem à Europa. Fazia pouco tempo que eu tinha largado o saxofone – um instrumento que havia estudado seriamente por sete anos – e começado a praticar uma flauta japonesa chamada shakuhachi. Enquanto eu guardava minha flauta de bambu na mochila, meu pai disse: "Então, você está indo tocar flauta nas montanhas, não é?" Naquela época, seu comentário me soava como uma normal implicância entre pai e filho. Só mais tarde é que eu seria capaz de enxergar a verdade que se escondia atrás de sua gozação: o perigo que ele intuiu é que eu poderia me tornar um diletante, alguém que flutua entre uma coisa e outra sem se confrontar com a necessidade de um ofício, alguém que encara a vida sem responsabilidade. Mas depois não pensei mais na brincadeira do meu pai. Achei que ele estivesse simplesmente imerso nas superficialidades da vida normal, então segui meu caminho sem me preocupar mais com isso. Eu não esperava que diletantismo e comportamento "turístico" seriam exatamente as características com as quais o próprio Grotowski me atacaria de forma severa durante o trabalho de Botinaccio daquele verão.

Grotowski conduziu seu workshop em uma antiga casa de campo, uma vila no alto de uma colina num bosque da Toscana. Esse breve mas denso período de trabalho significou um golpe necessário e fatal no meu ego. A questão que se colocou: diletantismo x mestria.

A sessão de trabalho estava centrada na criação de "mystery plays", fragmentos curtos e individuais que tinham uma estrutura que se repetia, como se fossem miniespetáculos com um único ator. A presença de um canto muito antigo teve grande importância nos "mystery plays", um canto que você se lembrava desde a sua infância, cantado, por exemplo, pela sua mãe. Primeiro você tinha que se lembrar desse canto: não "Parabéns pra Você" ou "Cai-Cai Balão", nem uma canção do rádio, mas um canto antigo; ele devia ter raízes. Era como se Grotowski estivesse tentando fazer com que redescobríssemos qualquer conexão pessoal que já pudéssemos ter tido com a tradição através de cantos que nos foram cantados quando éramos crianças.

Em primeiro lugar, vimos os "mystery plays" dos assistentes de Grotowski: o de Du Yee Chang causou em mim uma impressão particularmente forte. Senti que algo de sua alma desnudou-se naquela ação. Foi bastante intenso, e eu o admirei muito pelo modo com que seu corpo e sua voz se tornaram uma única coisa. Apesar de não ter entendido nada do seu "mystery play" – a canção era em coreano, sua língua nativa – eu recebi alguma coisa, e acreditei nele completamente.

Planejei alcançar um tal nível de intensidade sozinho. Para conseguir isso, pensei que deveria basear meu "mystery play" em uma memória muito importante da minha primeira infância. Lembrei-me de uma canção que minha mãe havia cantado para mim quando eu era criança, um canto dos escravos negros da América. Era o que havia encontrado de mais próximo a um canto tradicional. Em seguida, comecei a fazer o primeiro esboço do meu "mystery play". Para minha apresentação, escolhi um lugar fora da casa de campo, uma clareira no meio do bosque, esperando que isso oferecesse uma boa atmosfera.

Para construir o "mystery play", lembrei-me de uma brincadeira da minha infância em que meu pai dançava comigo segurando-me de pé sobre seus pés. Fiz algo parecido com um bastão ritual com folhas coladas nele. Na minha imaginação

O TRABALHO EM BOTINACCIO: UM ATAQUE AO DILETANTISMO

esse bastão representava meu pai. Eu seguraria o bastão e dançaria com ele como se fosse meu pai, como se estivesse dançando sobre seus pés. Faria isso enquanto cantasse a mesma canção algumas vezes. Em seguida, colocaria o bastão em pé sobre um amontoado de pedras, que para mim representavam o enterro do meu pai. Na verdade meu pai não estava morto, mas esse enterro simbólico representava a separação entre pai e filho. Acreditei que esse tema profundo se iluminaria com a intensidade da minha execução. Então minha estrutura estava completa, só faltaria verter minha alma através da canção.

Quando chegou a hora de mostrar meu primeiro esboço, fiquei extremamente nervoso. Não sei se gritei a canção, mas tudo parecia estar dentro de um nevoeiro; não pude ver nem ouvir mais nada. Assim que terminei, como me sentia esgotado, pensei que tivesse feito algo bastante intenso. Só que logo depois viriam as palavras fatais de Grotowski, que teriam se tornado o refrão do seminário daquele verão: "Por favor, repita". O teste contra o diletantismo.

Meu Deus, como é que agora eu ia conseguir repetir aquilo tudo? Será que ele não viu que eu tinha desnudado a minha alma? Provavelmente eu não teria forças para fazer tudo de novo, era óbvio que estava muito cansado. Como é que eu poderia reunir toda a força necessária para fazer novamente o "mystery play" com a mesma intensidade de antes? Bem, eu tentei, mas me senti muito pior. Eliminei uma estrofe da canção para economizar forças, e fiz o melhor que pude para reencontrar aquela intensidade original. Eu sabia que a impressão que causaria em Grotowski ia depender da minha habilidade em repetir exatamente as mesmas ações que havia feito pela primeira vez. Sendo assim, à medida que meu corpo soprava e bufava para recriar minha intensidade física original, a mente tentava se lembrar o mais rápido possível do que eu havia acabado de fazer: minha estrutura não tinha sido tão precisa, e durante a primeira vez, por causa do meu entusiasmo, eu havia incluído alguns elementos novos que não tinha elaborado antes nos ensaios. Agora, enquanto repetia o "mystery play" pela segunda vez, eu tentava freneticamente me lembrar desses elementos novos que havia improvisado, para esconder o fato de que tinham sido improvisados.

No final eu estava exausto. Meu colega de Yale, M., era o próximo, e quando eu vi seu trabalho me senti muito satisfeito. O que o vi fazer era simplesmente estúpido e sem sentido, não percebi nenhuma história ou revelação em seu trabalho. É verdade, seu "mystery play" era simples e até crível em alguns momentos, mas dentro de mim eu ria, dando um tapinha nas minhas costas, cumprimentando-me pelo fato de ter sido tão profundo no meu "mystery play", comparado com ele.

Chegou o momento da análise de Grotowski. Fiquei chocado quando ele atacou meu trabalho sem dó nem piedade. Hoje me dou conta de que eu não tinha entendido bem três pontos principais.

Primeiro: o que eu entendia como a história do "mystery play" e o que as pessoas que o assistiam entendiam, podiam ser duas coisas diferentes. Ingenuamente achei que elas entenderiam a mesma coisa que eu, que o bastão era meu pai, por exemplo. Imaginei que fossem entender a história da separação traumática entre um pai e um filho, uma história complexa, rica de significados para mim. Mas essa história não chegou até elas de jeito nenhum. Apenas me viram cantando uma canção de maneira forçada, "bombeando" uma experiência emocional, executando uma dança desarticulada com um bastão para depois plantá-lo num amontoado de pedras. Tudo isso só poderia suscitar nelas uma associação com um sacerdote "mambo-jambo" de má qualidade. A complexa história sobre a separação entre pai e filho nunca chegou até elas. A primeira lição que recebi das críticas de Grotowski foi que a história que chega a quem assiste não é necessariamente a mesma que o ator percebe em sua imaginação. E nessa situação, sendo tanto ator quanto diretor, era minha responsabilidade criar *conscientemente* a história que eles iriam receber.

Segundo: eu estava usando "símbolos" de forma errada. Ao invés de fazer ações concretas, eu as representava simbolicamente, achando que as pessoas que estivessem assistindo fossem entender os símbolos da mesma maneira que eu. Por exemplo, o bastão como se fosse meu pai: eles não poderiam ter entendido isso de forma alguma. Eu tinha substituído as ações por símbolos. Ao invés de reagir ao meu pai diante de mim com uma linha de ações, lembrando realmente o que eu

O TRABALHO EM BOTINACCIO: UM ATAQUE AO DILETANTISMO

tinha feito quando dancei sobre seus pés e reencontrado nosso exato comportamento físico junto aos detalhes do contato entre nós, eu o havia representado simbolicamente com um bastão, e tinha tentado "bombear" minhas emoções para comunicar uma ideia: a separação traumática entre pai e filho. Eu tinha construído meu "mystery play" com símbolos incompreensíveis e depois "bombeado" uma "emoção épica" relacionada a um evento passado.

Terceiro: achei que o público fosse experimentar a mesma – digamos assim – intensidade que senti durante a execução do meu "mystery play", que eles também experimentariam essa "emoção épica". Eu não tinha reparado que muitas vezes convencia a mim mesmo de ter "sentido alguma coisa", quando na verdade tudo o que eu tinha sentido era a excitação dos meus nervos pelo fato de estar "atuando" diante de alguém. Em outras palavras, eu havia confundido a agitação dos nervos com emoções verdadeiras; tinha evitado um trabalho prático verdadeiro e tentado "bombear" um estado emocional. Em sua conferência de Liège (1986), Grotowski disse:

Normalmente, quando um ator pensa nas intenções, ele pensa que é uma questão de "bombear" um estado emocional dentro de si. Não é isso. O estado emocional é muito importante, mas não depende da vontade. Não quero estar triste: estou triste. Quero amar essa pessoa: odeio essa pessoa, porque as emoções não dependem da vontade. Então, quem tenta condicionar as ações através dos estados emocionais, faz confusão[1].

Muitas vezes, Grotowski nos fazia duas perguntas quando analisava o trabalho de alguém. A primeira: O que você entendeu? Então, as pessoas que tinham assistido ao trabalho diziam o que haviam entendido. Em seguida, era pedido à pessoa que havia feito o "mystery play" que contasse a história real que estava tentando relatar. Dessa forma, podíamos ver até que ponto ela tinha sido bem-sucedida ao contar sua história. Segunda pergunta: Você acreditou? Às vezes um "mystery play" podia

---

1 Jerzy Grotowski, conferência realizada em Liège, Cirque Divers, 2 de janeiro de 1986, não publicada. Transcrição de uma gravação em fita cassete, em francês, consultada através do Grotowski.

funcionar mesmo quando ninguém o tinha entendido, mas porque havíamos acreditado no que o ator tinha feito, e, como consequência, havíamos sentido ou recebido algo desse trabalho. E aí alguém dizia: "Eu não entendi, mas acreditei", então era possível dizer que o "mystery play" estava no caminho certo.

Na análise do primeiro esboço do meu "mystery play", não foi só Grotowski que me atacou, mas também todos os outros participantes do workshop. Resultou que não tinham nem acreditado nem entendido. Fiquei completamente chocado, eu achava que tinha realmente revelado algo. Não via que, na verdade, estava tentando alcançar as estrelas sem usar a escada. Eu tinha sido muito mimado e estava convencido de que possuía talento. Naquela época, eu não aceitava o trabalho duro e o sacrifício necessários para atingir os resultados; achava que a excelência podia chegar por si só.

Também fiquei duplamente chocado quando todos, inclusive Grotowski, elogiaram o trabalho do meu amigo M. Na minha percepção, M. não havia revelado nada de profundo. No entanto, todos confirmaram que tinham acreditado nele. Esse parecia ter sido o critério para que ele tivesse algum material *sobre o qual podia começar a trabalhar*. O "mystery play" do M. tinha sido simples e crível, uma base possível a partir da qual ele poderia começar o trabalho de construção. Eu ainda não podia entender isso: "Construção"?

Grotowski me fez voltar à estaca zero para que meu "mystery play" ficasse mais claro. Eu precisava definir a situação: O que estou tentando fazer? Tinha algum parceiro invisível lá comigo? Em que lugar do espaço estava esse parceiro? O que eu fiz com ele exatamente? São todas perguntas simples e práticas. Grotowski insistiu que eu resolvesse esses pequenos problemas essenciais, só que eu ainda não estava satisfeito. Achava que meu "mystery play" não tivesse funcionado – não devido à falta de detalhes, de detalhes verdadeiros – mas porque eu ainda não havia encontrado a história realmente profunda, a memória certa a ser revelada.

Após a análise, no começo tentei seguir o conselho de Grotowski, trabalhar de modo preciso e detalhado, como ele havia me explicado. Não gostei muito, sentia que isso sufocava minha criatividade. Então, tendo decidido que a culpa era da própria

O TRABALHO EM BOTINACCIO: UM ATAQUE AO DILETANTISMO 41

história, busquei na minha memória e encontrei o que pensei que seria um momento mais verdadeiro da minha vida. Mudei o tema do meu "mystery play". Aqui eu quebrei uma regra que acabou sendo sempre usada no meu futuro trabalho com Grotowski: "depois que você estruturou um fragmento, só tem o direito de jogar algo fora se já encontrou *concretamente* algo melhor".

O novo tema que tentei trazer para o meu "mystery play" era uma recordação de infância, de quando eu estava no meu cercadinho de bebê. Eu queria que minha mãe me tirasse do cercadinho. Decidi que me ajoelharia no chão, supondo que o fato de estar ajoelhado indicaria a minha situação para as pessoas que estavam me vendo. Não pensei que fosse necessário reencontrar meu comportamento físico exato: em todo caso, se eu me ajoelhasse, eles deveriam ser capazes de entender que eu estava dentro de um cercadinho e que ainda era criança. Em seguida trabalhei todos os detalhes penosos. Tentei imaginar por onde minha mãe entrou no quarto, defini o espaço escolhendo um lugar para a porta. Depois, por que ela entrou no quarto? Tentei responder a questões bem precisas. Ela entra. Eu a sigo por todo o quarto com meu olhar, tentando chamar sua atenção. Ela se aproxima. Tenho um impulso em sua direção pedindo que ela me pegue em seus braços. Com esse impulso dei início à minha canção de escravos. No meio da canção, eu já a tinha convencido de me pegar no colo, então comecei a ficar de pé. Imaginei que quando as pessoas me vissem "ficando de pé", entenderiam que minha mãe estaria me pegando no colo. Não achei que a história pudesse ter sido mais clara.

Trabalhei nessa estrutura durante alguns dias, mas acabei ficando de saco cheio, sem paciência. Todo esse trabalho tão detalhado parecia estúpido: era evidente que o tema não tinha valor nenhum. No começo, quando improvisei essa linha de ações, experimentei todo tipo de sentimento genuíno, mas depois que repeti tudo se tornou seco e morto. Então me convenci de que esse tema ainda não era aquele certo, não era suficientemente potente para garantir meu interesse.

Eu me sentia tão aborrecido trabalhando naqueles detalhes... Cada vez que começava a ensaiar ficava cheio de sono, uma onda de cansaço tomava conta de mim. Fiquei deprimido. "Esse aborrecimento", eu pensei, "deve vir do fato de que minha história não é interessante". Eu não me dava conta de que estava simplesmente sucumbindo à primeira onda descendente que me empurrava pra fora do caminho, impedindo-me de realizar minha tarefa.

Também me convenci de que o problema estava na canção. Como podiam esperar de mim um canto tradicional? Minha família não era religiosa, além disso éramos americanos. Eu não tinha nenhuma tradição, é óbvio que não conhecia nenhum canto antigo bom! Como poderia criar um "mystery play" rico de significados sem uma canção de verdade? Eu tinha inveja dos participantes europeus que conheciam várias canções bonitas: bastava que cantassem aquelas canções com simplicidade, e quase sempre acontecia algo mágico.

Seguindo essa lógica, decidi que o único modo de continuar era compondo minha própria canção. Eu só teria que assumir a responsabilidade de criar meu próprio "canto tradicional". Lembrei-me da primeira melodia que compus num piano quando ainda era criança e, utilizando-a como base, criei uma canção, entrelaçando-a com a maneira melódica que minha mãe tinha para me chamar de longe. Foi assim que compus minha canção para que se conectasse com meus primeiros anos de vida.

Dessa vez meu "mystery play" durou uns quinze minutos, apesar de nos pedirem claramente que não durasse mais do que dois ou três. Comecei cantando agachado num cantinho. Logo depois me precipitei no centro do espaço e dancei intensamente durante um longo tempo. A certa altura fiz uma dança mais suave, com a camisa aberta, lembrando com meu corpo a maneira com que minha mãe costumava dançar pela nossa casa usando só uma camisa comprida, cantando suavemente: "Sou um passarinho nu, sou um passarinho nu".

Quando chegou a hora de apresentar esse "mystery play" para Grotowski e para os outros, eu estava eletrizado. Tinha certeza de que minha canção resolveria o problema e seria uma revelação para todos; provavelmente não teriam sido capazes de dizer que não se tratava de um canto tradicional de verdade. Que abordagem poderia ser mais apropriada para mim, sendo um americano, uma criança sem tradição?

Fiz o meu "mystery play". Seguiu-se um grande silêncio enquanto eu ia me sentar. Pelo silêncio imaginei que tivesse sido um sucesso. Logo depois se ouviu um barulho estranho, meu amigo M. estava chorando. Começou devagar e gradualmente se transformou em soluço. Ele estava mesmo em lágrimas. Acabou colapsando, deitando sua cabeça no colo de uma menina que estava perto dele. Ele realmente estava chorando. Pensei: "Meu Deus, meu '"mystery play"' deve ter sido de fato muito bom. M. está até chorando". Eu estava no paraíso: alguém que estava assistindo teve uma experiência catártica de verdade.

Mas de repente M. parou de chorar e se levantou. Seu choro tinha sido o início surpresa do seu novo "mystery play"; não tinha realmente nada a ver com o meu trabalho, era parte do trabalho dele. Fiquei arrasado. Eu tinha me enganado completamente. Olhei freneticamente para a cara dos outros para ver se poderia reconhecer meu sucesso pelos seus olhos, só que todos já estavam concentrados no trabalho de M.

Descemos até a cozinha para fazer uma pausa, e naquele momento convenci-me novamente do meu triunfo. Enquanto preparava meu lanche, eu estava radiante de satisfação. E foi nesse momento que Grotowski chegou. Ele está vindo em minha direção, sorrindo, e "Oh, devo ter ido bem", pensei. "Ele está vindo… na minha direção? Sim! Ele está vindo". E com um grande sorriso ele disse: "Aquilo foi horrível! Foi inacreditavelmente horrível! Acho que nunca tinha visto algo tão ruim", e foi embora. Enquanto falava ele ficava rindo o tempo todo, parecia estar à beira de uma gargalhada. Fiquei devastado. Meu ego nunca tinha recebido um golpe desses. Eu não podia entender. Fiquei completamente deprimido.

Na análise que Grotowski fez em seguida, ele disse que as canções *não deviam ser improvisadas*. Acho que fui acusado de ter sido totalmente falso em meu "mystery play", nada era crível ou compreensível. Ele disse que não havia nenhum valor no que eu tinha feito, com exceção de dois breves momentos: o primeiro foi quando eu estava naquele cantinho, quando comecei a cantar suavemente, mas na hora em que aumentei o volume aquilo perdeu todo o valor; o segundo foi quando eu estava com a camisa aberta lembrando com meu corpo a maneira de dançar da minha mãe. Ele disse que se estivesse trabalhando nesse "mystery play" jogaria tudo fora, com exceção desses dois breves momentos, e os exploraria para ver o que guardavam.

Ele me atacou por ser um "turista". Na terminologia de Grotowski, um "turista" é alguém que viaja por toda parte sem ter raízes, uma pessoa que vai de um lugar ao outro superficialmente. Um artista também pode trabalhar "turisticamente": estando habituado à excitação da primeira improvisação, ele não tem paciência de trabalhar na estrutura. Ele se aborrece quando seus nervos não se agitam, e descarta tudo para encontrar uma nova proposta que excitará seus nervos mais uma vez. Esse tipo de artista passa de um primeiro esboço a outro primeiro esboço, sem nunca escavar mais a fundo, sem explorar por inteiro um único território. A verdadeira arte, disse Grotowski, é como um fio de prumo que não se move de um lado para o outro. Quando você começa a trabalhar em um "mystery play", o difícil é encontrar a canção certa, e em seguida a história certa que possa acompanhar essa canção. Mas assim que você as encontra, serão necessários muitos e muitos esboços, e um trabalho duro e paciente para chegar a uma estrutura que tenha alguma qualidade. Grotowski enfatizou que o processo não é fácil, e que os frutos só vão aparecer, provavelmente, ao fim de um longo caminho. Só que não tendo desenvolvido o primeiro esboço do meu "mystery play", eu tinha trabalhado "turisticamente". Eu não tinha tornado minha primeira proposta mais clara. Fiquei impaciente quando me confrontei com o trabalho técnico, e como não o considerei imediatamente gratificante, mudei de tema e cheguei até a improvisar uma canção para ter a sensação de "novidade", justificando meu "turismo" com uma suposta falta de tradição. Grotowski indicou os dois fragmentos nos quais acreditava que eu tivesse que me concentrar, e mandou-me de volta ao trabalho.

Acostumado com o sucesso imediato em minha vida, não podia entender minha dificuldade atual. Normalmente eu não tinha que trabalhar tanto; a criatividade costumava se manifestar naturalmente, sem muito esforço. Mas agora o trabalho parecia imenso e pesado. Comecei a ficar paranoico, achando que Grotowski não gostasse de mim.

Nesse ponto, gostaria de me afastar do curso das minhas recordações para fazer uma observação sobre as críticas de Grotowski. Quando comecei a trabalhar com ele, pensei que seus assistentes fossem intocáveis, que não pudessem cometer erros. Com certeza não era assim. Na verdade, ele exigia mais dos seus assistentes do que de nós, que éramos participantes. Ele os colocava numa situação de desafio ainda maior. Quanto mais próximo você trabalhasse de Grotowski, mais ele esperaria de você, mais você teria que lutar para manter o nível já alcançado, e mais teria que avançar rumo a novas descobertas. Muitas vezes ele criticava cruelmente o trabalho dos seus assistentes, caso tivessem conduzido um fragmento do trabalho de modo mecânico, substituindo um processo verdadeiro por uma forma vazia. Ele testava todos os que estavam ao seu redor, exigindo de cada um seu nível pessoal mais alto. Grotowski não atacava só a mim, ele atacava qualquer lugar onde percebesse uma queda de qualidade. Mas naquela época, tomei todos os seus ataques como uma coisa pessoal. Achei que ele realmente nutrisse uma severa antipatia por mim.

Voltei para o meu "mystery play" e novamente tentei me convencer de que ainda não havia encontrado o tema certo. Mais uma vez mudei a proposta. Dessa vez escolhi o tema da minha avó cega. Baseei meu novo "mystery play" em sua ida para a igreja para rezar pelo médico que a tinha deixado cega dando-lhe uma medicação errada. Quando iniciei a explorar, com meu próprio corpo, a fisicalidade da minha avó, comecei a sentir sua presença, e fui levado por aquela sensação que o "turista" tanto adora: a excitação da primeira improvisação. Bem, a essa altura, eu já tinha ouvido Grotowski o suficiente para saber que eu deveria trabalhar sobre detalhes precisos, de modo que comecei a construir a igreja na sala de trabalho, para saber qual era o lugar de todos os objetos imaginários. Depois, com meu corpo, lembrei-me do corpo dela, como caminhava e como, sendo cega, ela percebia seu caminho em direção ao altar. Mas uma voz começou a falar dentro de mim, dizendo que mais uma vez eu estava me comportando como um "turista", indo para o lado. A maioria das pessoas do workshop já estava na terceira elaboração de um mesmo "mystery play" e eu ainda estava explorando os primeiros esboços. A partir dos trabalhos dos outros, pude ver que o que Grotowski havia dito sobre a construção era verdade. No começo, vários "mystery plays" pareciam simples e chatos, mas após três ou quatro elaborações eu já tinha percebido neles uma qualidade surpreendente e inesperada: as composições iam se tornando mais interessantes à medida que os atores trabalhavam um único tema em profundidade. Comecei a temer a próxima demonstração, prevendo que eu apareceria como um completo "turista" que não tinha nem paciência nem técnica, alguém que perambula como um vagabundo, sem nenhum propósito, evitando continuamente qualquer responsabilidade verdadeira.

Eu estava ficando cada vez mais deprimido. Meu amigo M., notando meu estado, chegou até a me dar umas vitaminas especiais, esperando que elas me dessem alguma força. Até que um dia Grotowski entrou na cozinha e me deu um doce, sem nenhuma razão aparente. Fiquei super feliz. Só o fato de ele ter me dado um pequeno pedaço de bolo que trouxe de Florença me deixou muito feliz. Foi um presente completamente inesperado. "Depois de tudo, ele não me odeia", pensei.

Bem, em sua análise seguinte, soube *por que* tinha me dado aquele bolo. Ele disse que eu me encontrava numa situação muito difícil. Até aquele momento eu tinha atravessado a vida passando de uma explosão a outra e, se continuasse vivendo daquela maneira, em pouco tempo não me sobraria nenhum fogo interior, apenas cinzas. "Agora você ainda tem um pequeno fogo" – ele disse – "muito pequeno, mas está quase completamente apagado. Suas chances de sucesso no teatro comercial são mínimas. Você não se encaixará facilmente em nenhuma categoria e, além disso, as feições do seu rosto, com o lábio superior mais fino do que o inferior, dão a impressão, quando você está relaxado, de que está amuado. Por essa razão" – continuou dizendo – "é provável que não seja contratado para fazer cinema, ainda que ninguém diga que é por essa razão, ou talvez nem se deem conta de que seja por isso. Seu caminho será muito difícil, e praticamente não há nenhuma esperança".

Ele disse que minha única chance era fazer um trabalho incrivelmente longo, que seria como entrar num túnel escuro sem saber se haveria luz no final. Só depois disso, só depois, é que eu teria a chance de descobrir alguma coisa. E essa descoberta dependeria do fato de que eu teria que começar, agora, trabalhando como se fosse um velho camponês, um velho camponês do tempo anterior às máquinas. Eu deveria fazer todas as minhas pequenas tarefas honestamente sem estar com pressa, uma após a outra. "Quando vemos um velho camponês trabalhando" – disse Grotowski – "podemos achar que ele seja lento. Um jovem trabalha ao seu lado e achamos que esse jovem, com seu ritmo veloz e *staccato*, finalizará seu trabalho mais rápido. O jovem acelera, mas, no final do dia, vemos que o velho camponês fez mais coisas que ele, trabalhando devagar, continuamente, uma tarefa após a outra. Graças à sua continuidade não perde nada. Através da experiência, o velho camponês sabe que ao trabalhar continuamente, com um ritmo constante, queima menos energia do que parando e recomeçando, parando e recomeçando". Eu devia encontrar esse ritmo de trabalho em que cada movimento é economizado e não se desperdiça nada. Ele disse que tinha me dado o bolo no outro dia para ver minha reação facial. Meu rosto tinha perdido toda a sua expressividade, ele disse. Ou era inexpressivo ou mostrava um grande sorriso, não havia meio termo, nem sombras nem cores. Eu precisava combater esse problema retendo as reações extremas para poder reencontrar minhas diferentes expressões naturais.

Depois que ele me disse isso tudo fiquei completamente devastado. Ele tinha falado com muita autoridade. Acho que fui até o andar de cima para chorar. Era como se uma sentença de morte tivesse sido pronunciada. Percebi a verdade em tudo o que ele havia dito. Meu ego estava esmagado, minhas ilusões, despedaçadas.

Logo após essa análise, um dos assistentes me disse que ele, pessoalmente, achava que eu deveria ir trabalhar com Grotowski em Irvine durante um ano; e se eu quisesse, ele me proporia a Grotowski como candidato. Isso me surpreendeu muito. Eu disse que era óbvio que não estava indo bem no trabalho desse verão, e lhe perguntei o que o fez pensar que eu devia ir até Irvine. "Grotowski só é duro com você" – ele disse – "porque em você ele vê alguma coisa; se não visse nenhuma possibilidade em você, não seria assim tão duro". Eu disse a ele que não tinha certeza se era a pessoa certa para o trabalho. Ele respondeu que eu só saberia realmente se era a pessoa certa se fizesse o trabalho durante um ano; só então eu seria capaz de ver se estava recebendo alguma coisa, se era a pessoa certa para o trabalho e se o trabalho era certo para mim.

O workshop desse verão tinha sido programado para durar dois meses, mas meu ego estava tão machucado que eu não podia ficar mais lá. Fui embora depois do primeiro mês. Não mostrei a última versão do meu "mystery play" sobre a minha avó. Eu sabia que não tinha sido nada além de um "turista", mais uma vez indo para o lado em busca da excitação imediata da improvisação. Eu não poderia suportar ficar exposto como um "turista" pela terceira vez.

Pouco antes de deixar a Itália, fui a uma conferência pública de Grotowski em Florença (1985), na qual ele atacou fortemente o turismo e o diletantismo nos artistas. Eu sabia que ele estava se referindo diretamente aos problemas que havia encontrado em mim, assim como em outros participantes com os quais estava trabalhando naquele verão em Botinaccio.

Nesse âmbito, um dos testes é uma espécie de etnodrama individual no qual o ponto de partida é uma canção antiga ligada à tradição étnico-religiosa da pessoa em questão. Começa-se a trabalhar com essa canção como se, nela, estivesse codificada, em potencial (movimento, ação, ritmo...), uma totalidade. É como um etnodrama no sentido tradicional coletivo, mas aqui é *uma* pessoa que age com *uma* canção e *sozinha*. Então, imediatamente, com as pessoas de hoje, surge o seguinte problema: encontramos algo, uma pequena estrutura em torno da canção, logo depois, paralelamente, constrói-se uma nova versão, e paralelamente a essa, uma terceira. Isso significa que a pessoa fica sempre no primeiro nível – superficial, poderíamos dizer, como se a proposta totalmente fresca excitasse os nervos e desse a ela a ilusão de algo. Isso significa que se trabalha indo para o lado – e não como alguém que está escavando um poço. É a diferença entre o diletante e o não diletante. O diletante pode fazer uma coisa bonita, mais ou menos superficialmente, através da excitação dos nervos durante a primeira improvisação. Mas é como esculpir na fumaça. Sempre desaparece. O diletante busca "ao lado". [...] Isso não tem nada a ver com a construção de catedrais, que sempre possuem uma viga mestra. É exatamente o fio de prumo que define o valor. No entanto, com um etnodrama individual, essa é uma coisa difícil de ser alcançada, porque uma pessoa atravessa crises. A primeira proposta: funciona. Em seguida, é preciso eliminar o que não é necessário e reconstruir a mesma coisa de forma mais compacta. Vocês atravessam períodos de trabalho "sem vida". É uma espécie de crise, de aborrecimento. Vários problemas técnicos devem ser resolvidos: por exemplo, a montagem, como nos filmes. Vocês têm que reconstruir e relembrar a primeira proposta (a linha das pequenas ações físicas), mas eliminando todas as ações que não sejam absolutamente necessárias. Então vocês devem fazer cortes, e depois saber juntar os diferentes fragmentos. Por exemplo, podem aplicar o seguinte princípio: linha das ações físicas – stop – eliminação de um fragmento – stop – linha das ações físicas. Como no cinema, a sequência em movimento se detém numa imagem fixa – faz-se o corte – outra imagem fixa marca o início de uma nova sequência em movimento. Isso dá a vocês: ação física – stop – stop – ação física. Mas o que deve ser feito com o corte, com o buraco? No primeiro stop, vamos dizer que vocês estejam de pé com os braços para cima e, no segundo stop, sentados com os braços para baixo. Uma das soluções consiste em executar a passagem de uma posição à outra como uma demonstração técnica de habilidade, quase como se fosse um balé, um jogo de habilidade. É apenas uma possibilidade entre outras. Mas em todo caso, isso leva muito tempo para ser feito. Vocês também têm que resolver esse outro problema: o stop não deve ser mecânico, deve ser como uma cachoeira congelada, ou seja, todo o ímpeto do movimento está lá, só que detido. O mesmo vale para o stop no começo de um novo fragmento de ação: ainda imóvel, esse fragmento de ação já deve estar no corpo, caso contrário, não funciona. Em seguida vocês têm o problema do ajuste entre o "áudio" e o "visual". Se no momento do corte vocês têm uma canção, a canção deve ser cortada ou não? Vocês têm que decidir: o que é o rio e o que é o barco? Se o rio é a canção e as ações físicas são o barco, então é óbvio que o rio não deve ser interrompido – assim como a canção não deve parar, mas modular as ações físicas. No entanto, na maioria das vezes, é válido o contrário: as ações físicas são o rio e modulam a maneira de cantar. É preciso saber o que escolher. E todo esse exemplo sobre a montagem só diz respeito à eliminação de um fragmento. Mas há também o problema das inserções, quando vocês pegam um fragmento de outro lugar de sua proposta para inseri-lo entre dois stops.

Como eu disse antes, esse tipo de trabalho atravessa momentos de crise. Vocês alcançam elementos cada vez mais compactos. Depois, devem absorver completamente tudo isso com o próprio corpo e reencontrar as reações orgânicas. Então devem virar para trás, na direção da *semente* da primeira proposta e encontrar aquilo que, do ponto de vista da motivação primária, exige uma nova reestruturação do todo. Assim, o trabalho não se desenvolve "para o lado, para o lado", mas como com a linha de prumo e sempre através de fases de organicidade, de crise, de organicidade etc. Digamos que após cada fase de espontaneidade de vida sempre vem uma fase de absorção técnica.

Vocês têm que se confrontar com todos os problemas clássicos das "performing arts". Por exemplo: mas quem é a pessoa que canta a canção? É você? Mas se é uma canção da sua avó, ainda é você? Mas se você está descobrindo em si mesmo a sua avó, através dos impulsos do seu próprio corpo, então não é nem "você" nem "a sua avó que cantou": é você explorando a sua avó que canta. Mas pode ser que você vá ainda mais longe, rumo a um lugar, a um tempo difícil de imaginar, no qual essa canção foi cantada pela primeira vez. Estou falando de uma canção tradicional de verdade, que é anônima. Nós dizemos: foi o povo que cantou. Mas no meio desse povo teve alguém que começou. Você tem a canção, você deve se perguntar onde foi que essa canção começou.

Talvez fosse o momento de alimentar o fogo na montanha em que alguém estava cuidando dos animais. E para se aquecer diante desse fogo, alguém começou a repetir as primeiras palavras. Ainda não era uma canção, era um encantamento. Um encantamento primário que alguém repetia. Você olha para a canção e pergunta a si mesmo: onde está esse encantamento primário? Em que palavras? Será que essas palavras já desapareceram? Talvez a pessoa em questão tenha cantado outras palavras, ou uma frase diferente daquela que você canta, e talvez outra pessoa tenha desenvolvido esse primeiro núcleo. Mas se você for capaz de avançar com essa canção voltando-se para o início, não é mais a sua avó que canta, mas alguém da sua linhagem, do seu país, da sua aldeia, do lugar em que ficava a sua aldeia, a aldeia dos seus pais, dos seus avós. Na própria maneira de cantar o espaço está codificado. Uma pessoa canta diferente se está numa montanha ou numa planície. Na montanha, ela canta de um lugar alto para o outro, de modo que a voz é lançada como se fosse um arco. Lentamente você reencontra os primeiros encantamentos. Reencontra a paisagem, o fogo, os animais, talvez você tenha começado a cantar porque sentiu medo da solidão. Você procurou outras pessoas? Isso aconteceu na montanha? Se você estava numa montanha, os outros estavam numa outra montanha. Quem era essa pessoa que cantou assim? Era jovem ou velha? Finalmente você vai descobrir que ela vem de algum lugar. Como se diz em uma expressão francesa: "Tu es le fils de quelqu'un" (Você é o filho de alguém). Você não é um vagabundo, você vem de algum lugar, de algum país, de alguma parte, de alguma paisagem. Havia pessoas de verdade ao seu redor, perto ou longe. É você há duzentos, trezentos, quatrocentos ou há mil anos, mas é você. Porque ele, que começou a cantar as primeiras palavras, era o filho de alguém, de

O TRABALHO EM BOTINACCIO: UM ATAQUE AO DILETANTISMO   51

algum lugar, de alguma parte; então, se você reencontra isso, você é o filho de alguém. Se você não reencontra isso, você não é o filho de alguém; você é cortado, estéril, infecundo[2].

Abandonei o workshop do Grotowski com a desculpa de que eu e meu amigo queríamos ver o *Mahabharata* do Peter Brook em Avignon. Não tínhamos nem os ingressos. Até essa minha partida era turismo. Fui embora esperando encontrar um lugar mais confortável para trabalhar, onde pudessem tolerar minha dependência da chamada espontaneidade.

Participei de alguns workshops da Rena Mirecka, uma extraordinária atriz do Teatro Laboratório. Ali, meu "turismo" não criou problemas. Eu tinha atração pelo trabalho que a Rena fazia com as improvisações. Ele me enchia de vida. Mas depois desses workshops, comecei a sentir que se o trabalho com Grotowski tinha sido um pesadelo paterno, então havia o risco de que o trabalho com a Rena se tornasse um devaneio materno para mim. Comecei a achar que para meu desenvolvimento a longo prazo talvez fosse mais útil me submeter ao pesadelo paterno. Vi a necessidade de me comprometer com alguma coisa, mas ainda não estava convencido de que o trabalho com Grotowski fosse a coisa certa. Viajei para a Dinamarca, onde pude observar o trabalho do Odin Teatret, e fiquei impactado pela composição de seus espetáculos e pela precisão de seus atores. Tudo isso me impressionou muito, e me perguntei se não tinha encontrado o meu lugar. Então – no Odin – pela primeira vez eu vi todas as filmagens dos antigos espetáculos do Grotowski. Fiquei completamente deslumbrado. Eram tão profundos e verdadeiros. Nas filmagens do trabalho de Grotowski, testemunhei uma espantosa profundidade da expressão individual, e essa corrente* de vida funcionava milagrosamente numa estrutura muito bem definida. De alguma forma, Grotowski trabalhava lá onde a exatidão e a vida humana convergiam

---

2   Jerzy Grotowski, Tu es le fils de quelqu'un, em *Europe*, n.726, Europe et Messidor, Paris, França, outubro de 1989, p. 21–24. Traduzido por mim para o inglês a partir da versão francesa do texto, aquela que o autor revisou mais recentemente.

*   [Toda vez que a palavra "corrente" aparecer neste livro estará relacionada a algo que flui, a um fluxo contínuo, e nunca à ideia de uma cadeia de elos, de algo que bloqueia ou prende (N. da T.).]

em um nível inexplicavelmente alto. Ele deve ter alcançado esse nível junto dos seus atores, exigindo deles o mesmo rigor que tinha exigido de nós em Botinaccio, ou ainda mais.

Naquele momento decidi ver se Grotowski aceitaria que eu trabalhasse com ele na Califórnia durante um ano, como seu assistente havia sugerido. Meu ego, todavia, ainda hesitava. Tive que discutir com ele, dizendo que realmente eu não tinha nenhuma disciplina pessoal, e que se quisesse alcançar alguma coisa na minha vida, eu precisaria dela. Ainda que não aprendesse nada mais de Grotowski, isso, com certeza, eu aprenderia.

Telefonei para o assistente de Grotowski, e a resposta dada por Grotowski foi que eu poderia trabalhar com eles na Califórnia sob a condição de que aceitaria ficar lá durante um ano. Eu aceitei.

Um Ano com Grotowski no Objective Drama

Fui trabalhar com Grotowski sem entender realmente por quais razões estava indo. Diante do meu ego, eu tinha dificuldade em justificar a viagem: Grotowski tinha sido muito severo comigo na Itália, imagino que diferentes forças estivessem me conduzindo. Eu precisava de disciplina pessoal. Grotowski tinha razão: com preguiça e impaciência eu só me movimentava para o lado em meu trabalho. No entanto, sempre pensei que isso se devia ao fato de que ainda não havia encontrado a coisa certa para fazer. Ainda penso que haja alguma verdade nisso. Levei o saxofone muito a sério até um determinado momento, depois parei. Não estava motivado a alcançar um nível de domínio total do instrumento porque algo dentro de mim dizia: ess não é seu lugar. Desde então, só contei com minha energia ju venil para chegar ao fim das sessões de jazz nas quais tinha que improvisar. Mas isso funcionava cada vez menos. Quanto mais eu envelhecia, mais crescia a demanda pela qualidade do ofício.

Grotowski tocou nesse ponto várias vezes ao falar sobre a questão do "turismo". Quando você é jovem, ele disse, as pessoas permitem que você siga em frente mesmo sem ter uma técnica de verdade, porque sua energia é fresca e charmosa. Aqui, Grotowski dava sempre o exemplo da expressão de Zeami:

a "flor da juventude". Mas coitado de você se perde a "flor da juventude" sem ter desenvolvido a "flor do ofício", a flor da mestria. É como a história do sapateiro, disse Grotowski. Quando o sapateiro é jovem, as pessoas o veem trabalhando e exclamam: "Que lindo sapateiro, como ele é cheio de vida!" No entanto, alguns anos depois, começam a exigir: "Mas... e esses sapatos? E a qualidade desses sapatos?"

Esse era claramente o meu caso. Na minha "flor da juventude", eu tinha uma espécie de chama, e foi ela que me carregou quando meu ofício ainda não tinha se desenvolvido. Quando trabalhei com Grotowski na Califórnia pela primeira vez, logo que saí da universidade, eu ainda me encontrava na "flor da juventude", cavalgando seu charme. Mas um ano depois, na Itália, Grotowski começou a exigir que eu lhe mostrasse a qualidade dos meus "sapatos", mas não havia nada. Eu não tinha desenvolvido nenhuma capacidade.

Agora eu sei que naquele verão em Botinaccio o Grotowski estava se perguntando: "durante esse ano em que o Thomas ficou longe de mim, ele ganhou ou perdeu?" Ele via que eu tinha perdido a "flor da juventude" quase completamente, e não havia ganhado nada no nível da "flor do ofício". Grotowski me viu num momento crucial em que eu poderia construir ou destruir minha vida artística. Tenho uma profunda dívida com ele por ter sido tão duro comigo naquele verão. Suas críticas severas eram exatamente o que eu estava precisando. Sem um golpe daquele, eu teria continuado a me comportar como alguém que ainda está na "flor da juventude" quando essa flor já murchou e, com o passar do tempo, eu teria cada vez menos força para construir alguma coisa; e depois, apaixonado por minha juventude passada, eu teria usado meu tempo inutilmente tentando recuperá-la, sem nunca alcançar mestria em nada. Eu teria me tornado um perfeito diletante.

Quando Grotowski falava sobre a "flor da juventude", ressaltava com frequência que esse período especial não podia ser desperdiçado. Por sua própria natureza ele não dura muito tempo, para algumas pessoas pode durar um pouco mais do que para outras, mas quando passa, desaparece rapidamente. De um dia para o outro essa flor pode sumir. Na via de desenvolvimento tradicional, você já deveria ter nas mãos a "flor da mestria" no momento em que a "flor da juventude" morre. Portanto, a "flor da juventude" não deveria ser desperdiçada passando de uma explosão a outra, como eu estava fazendo, mas sua força e sua vitalidade devem ser utilizadas conscientemente para construir a "flor do ofício".

No ano em que trabalhei em Nova York como ator – naquele breve ano – eu tinha começado a envelhecer. Naquela época, eu não conseguia enxergar isso. Quando fui trabalhar com Grotowski pela primeira vez na Califórnia, tinha acabado de concluir meus estudos universitários, e ainda que esse sistema universitário possa ser criticado sob vários aspectos, ele estruturou a minha vida, mantendo-me ativo e um pouco sob tensão, conservando meu nível de energia. Durante o ano que passei em Nova York, não tive uma estrutura rigorosa como aquela. Nesse ano crucial, meu corpo e minha mente ficaram imersos numa inércia muito pesada; não havia estrutura que me deixasse alerta. O trabalho que eu fazia no teatro não exigia muito de mim, a programação nunca durava mais do que oito horas por dia, e eu perdia a maior parte do tempo esperando ou sendo passivo. Por causa dessa passividade, eu tinha envelhecido drasticamente: de um ano para o outro, havia me tornado uma pessoa diferente, de uma qualidade muito inferior, sem nem ao menos saber disso. O choque que Grotowski me deu em Botinaccio foi como um último aviso, um sinal de alerta que eu poderia aceitar ou rejeitar. Havia muitas coisas em jogo naquele verão que poderiam indicar o caminho da minha vida futura.

Apesar disso, alguma coisa dentro de mim continuava suficientemente viva para que eu me desse conta de que não tinha disciplina para alcançar um nível mais alto do ofício. Eu era preguiçoso, e a única pessoa que eu conhecia que certamente me colocaria diante das exigências necessárias para romper com essa preguiça era Grotowski. No curto período em que havia trabalhado com ele, tinha visto que exigia um engajamento total dos seus colegas. Não havia limitação de tempo em nossa programação diária – algumas vezes durava quinze horas ou mais – e quase sempre o trabalho era fisicamente extenuante.

Quando o meu ego ferido falava, o que não era raro, ele não aceitava completamente o trabalho com Grotowski: tinha dificuldade de tolerar esse homem que havia sido tão duro com ele. Só que algo mais profundo em mim realmente queria que meu trabalho com Grotowski desse certo. Fui para a Califórnia.

O Objective Drama Program não tinha fundos para nos pagar. Então, ao chegar à Califórnia quase sem dinheiro, encontrei um emprego como caixa num supermercado local para pagar meu apartamento e minhas despesas. Eu trabalhava cinco horas por dia; e aí voltava para casa e descansava um pouco antes que o carro do Grotowski's Program me levasse até Irvine, onde trabalhávamos até de madrugada, normalmente das seis da tarde até umas duas horas da manhã. O horário era pesado e eu ficava quase sempre exausto. Apesar de tudo, isso não me desencorajava. Achava revigorante, depois do último ano que tinha passado em Nova York, onde o trabalho havia sido inconsistente. Por causa dessa programação densa, algumas mudanças interessantes também se manifestavam durante o meu sono: sempre que eu chegava em casa, adormecia na mesma hora em que minha cabeça tocava o travesseiro.

Naquele ano, o trabalho com Grotowski ficou focado no que acabaria sendo chamado de "Main *Action*". Levou um ano para que essa "Main *Action*" fosse concluída e, enquanto trabalhávamos, eu tinha a impressão de que sua formação gradual era inexplicável; naquela época, parecia que tudo se modelava e se modificava como num sonho. Éramos nove no "performance team" do Objective Drama Program. "Performance team" parecia um termo bastante estranho para nos descrever porque, pelo que eu sabia, não apresentaríamos espetáculos. Mas o nome serviu para alguma coisa: silenciou meu ego, que ainda queria subir ao palco e tinha dificuldade de aceitar a ideia de uma pura investigação teatral. O nome "performance team" tranquilizou meu ego, deixando-o sonhar que talvez um dia haveria um espetáculo.

Além dos outros elementos de trabalho, o "performance team" começou a fazer um treinamento, principalmente físico e acrobático, baseado em exercícios que um dos membros do "team" tinha aprendido na Polônia com o Teatro Laboratório. Parecia que esses exercícios tinham sido desenhados para que o grupo alcançasse uma boa condição física, coisa que faltava em alguns dos participantes, especialmente em mim.

Anos depois, Grotowski me contou que o trabalho envolvido na criação da "Main *Action*" era uma espécie de armadilha para mim. Grotowski estava buscando uma pessoa a quem tentar ensinar e com a qual trabalhar diretamente. Como ainda não tinha certeza sobre a pessoa na qual concentrar seus esforços, ele usou esse ano e essa "*Action*" como uma armadilha para encontrar o candidato certo. É claro que, naquela época, nenhum de nós sabia disso. Ou, pelo menos, eu não tinha consciência desse fato.

Todo dia fazíamos Motions, um exercício que exigia muito de nós e que vinha do Teatro das Fontes (último período do Teatro Laboratório). Naquele momento e também depois, Motions foi gradualmente sendo transformado e reelaborado. A estrutura de Motions foi filtrada entre 1979 e 1987. Após 1987, a estrutura foi finalizada, baseando-se em minúsculos detalhes. Aprendi a estrutura inicial de Motions durante o workshop de duas semanas que fiz no Objective Drama Program em 1984. Desde então, Motions ficou sendo um elemento estável do nosso trabalho.

À medida que nossa habilidade para fazer Motions crescia, pouco a pouco esse exercício tinha que se tornar mais preciso. Em parte, Motions é um exercício para a "circulação da atenção", de maneira que quando, com o passar dos anos, tornava-se fácil para nós executar certos elementos, tínhamos que acrescentar um novo nível de precisão para que o exercício continuasse sendo um desafio. Na verdade, o trabalho sobre Motions estava, e ainda está, em fase de desenvolvimento. Pode ser executado em vários níveis diferentes. Agora vou descrever o trabalho feito com Motions e alguns dos possíveis erros relacionados à sua prática.

Motions é uma série de alongamentos/posições do corpo. Sua estrutura é bastante simples, e pode ser ensinada rapidamente em seu *primeiro nível superficial*. Em uma breve sessão de trabalho de quatro dias, por exemplo, um participante pode aprender esse *primeiro nível superficial* e ir embora pensando erroneamente que, de fato, aprendeu Motions. Ele pode achar que agora sabe como fazer algo prático e simples, e supõe que o próximo passo seja começar a ensinar Motions. Tempos mais tarde, quando fazíamos seleções na Itália, mesmo depois de informar os participantes sobre esse possível mal-entendido, alguns acabavam organizando workshops para "ensinar" Motions, quando, na verdade, só tinham trabalhado conosco durante uma semana ou até menos. Entre esses participantes, alguns ensinaram Motions em escolas de teatro, e outros inseriram toda a sua estrutura, ou fragmentos dela, em espetáculos teatrais. Dessa forma, a essência dos exercícios é destruída, e muitos erros são transmitidos.

Motions é um exercício enganador; na superfície parece muito simples, mas não é. Para se aproximar realmente de um único elemento seu, como, por exemplo, a "posição primária", cada um de nós que agora pratica Motions investiu anos de trabalho sistemático.

A "posição primária" é o ponto de partida do Motions, uma posição de alerta a partir da qual o corpo pode se mover imediatamente em qualquer direção. Quando aprendi Motions pela primeira vez em Irvine, me disseram que a partir da "posição primária" eu seria capaz de me defender de um ataque. Um assistente de Grotowski me levou até a beira do deserto para me ensinar Motions, e a primeira coisa que me mostrou foi essa "posição primária". Quando o vi adotando essa postura, achei que parecia um pequeno foguete pronto para ser lançado, ou um avião de caça em pleno voo atravessando o céu.

Em seu texto "Você é o Filho de Alguém", Grotowski fala das raízes da "posição primária".

Por que o caçador africano do Kalahari, o caçador francês de Saintonge, o caçador bengali, ou o caçador huichol do México, todos eles adotam – enquanto caçam – uma determinada posição do corpo na qual a coluna vertebral está levemente inclinada, os joelhos levemente dobrados, uma posição sustentada na base do corpo pelo complexo sacropélvico? E por que essa posição pode levar a um único tipo de movimento rítmico? E qual é a utilidade dessa maneira de caminhar? Há um nível de análise que é muito simples, muito fácil: se o peso do corpo está sobre uma perna, no momento de mover a outra perna você não faz barulho, e você também se move de maneira contínua e lenta. Assim os animais não podem descobri-lo.

UM ANO COM GROTOWSKI NO OBJECTIVE DRAMA   59

Mas isso não é o essencial. O essencial é que existe uma determinada posição primária do corpo humano. É uma posição tão arcaica que talvez tenha pertencido não só ao *Homo Sapiens*, mas também ao *Homo Erectus*, e que está relacionada, de alguma forma, ao surgimento da espécie humana[1].

Não há caminhadas em Motions. A "posição primária" de Motions é uma determinada maneira de estar em pé em momentos precisos durante os exercícios.

Com exceção da "posição primária", Motions é uma série de alongamentos. Os alongamentos são simples (alguém pode notar semelhanças com a hatha yoga, mas é diferente). Há três ciclos de alongamentos/posições. Cada ciclo é um alongamento/posição específico executado quatro vezes, cada vez na direção de um dos quatro pontos cardeais; a rotação de uma posição para outra é feita em pé no mesmo lugar. Cada ciclo é separado por um alongamento chamado de nadir/zênite: um alongamento rápido feito em direção ao chão e outro rápido feito para o alto.

Quando aprendi Motions, me disseram que fazendo o exercício ao ar livre, numa floresta, por exemplo, eu não deveria incomodar a vida ao meu redor. Consequentemente, ao virar de uma direção a outra, eu tinha que me mover de forma lenta e silenciosa para não provocar nenhuma mudança à minha volta. Reparei que se fizesse barulho enquanto virava, arrastando os pés, por exemplo, o canto do pássaro que eu estava escutando era interrompido; provavelmente ele tinha parado de cantar para ouvir o que estava acontecendo. Nesse momento eu sabia que eu o havia incomodado. A virada tinha que ser feita de modo que *eu não incomodasse*, e para saber se estava incomodando ou não eu precisava *escutar*.

Em Motions também existe um modo específico de olhar. Pediam que não "pegássemos" as coisas com a nossa visão: não devíamos ver como atiradores de elite, fixando os olhos num objeto, mas ver como que através de uma grande janela aberta. Devíamos ver o que estava diante de nós.

No começo aprendi Motions superficialmente; o workshop de Irvine durou apenas duas semanas. Quando voltei à Nova

---

1   Jerzy Grotowski, Tu es le fils de quelqu'un, op. cit., p. 16-17.

York para atuar, ingenuamente quis usar alguma coisa de Motions no espetáculo. Então tentei utilizar essa espécie de "visão aberta" no palco. É claro que o resultado foi catastrófico; tentar usar alguma coisa de Motions fora do seu contexto foi um grande erro – eu não via nada. Este "não ver nada" pode ser um problema para aqueles que fazem Motions por um breve período de tempo. Motions é um exercício que só pode dar resultados quando praticado quase todo dia, e em Motions a pessoa deve lutar continuamente contra esse "olhar de zumbi", os olhos mortos que não veem nada. Você deve ver o que está diante de si e ouvir o que está ao seu redor em cada momento do exercício. *E ao mesmo tempo estar presente para seu próprio corpo*: "ver o que está vendo, escutar o que está escutando".

Depois de termos praticado Motions durante alguns anos, a estrutura havia se tornado mais fácil para nós, então tínhamos que fazê-la com mais exatidão, já que o exercício poderia se transformar novamente numa armadilha para a nossa atenção. Começamos a nos concentrar na sincronização dos mínimos detalhes, lutando para alcançar um nível no qual o menor movimento das pessoas que faziam os exercícios estaria totalmente sincronizado: cada pequeno impulso, os ângulos do corpo, o ato de levantar e abaixar os pés etc.

Um erro comum em Motions, contra o qual sempre temos que lutar, é quando um alongamento é substituído por uma posição estática. Grotowski sempre nos corrigia duramente quando "parávamos de nos alongar": cada posição devia ser *alcançada porque estávamos nos alongando*, e não porque estávamos "mantendo a forma", uma posição estética, com nosso corpo.

Além de Motions e do treinamento físico, a cada dia o "performance team" fazia uma coisa chamada "the River". Era o fluir de uma série de cantos haitianos diferentes junto de uma dança e de reações improvisadas muito simples. Mas o principal estímulo do nosso trabalho era a criação da "Main Action". Para chegar até ela, cada um de nós começou a trabalhar em pequenas "estruturas individuais", baseadas em fragmentos de um texto de milhares de anos atrás, encontrado no Egito. No entanto, os membros do "performance team" nunca receberam de Grotowski qualquer informação precisa sobre a origem desse texto, ou sobre seus tradutores etc. Grotowski continuava a repetir: o texto fala por si só.

O trabalho sobre a "Main *Action*" foi organizado da seguinte forma: um dos assistentes, Jim Slowiak, liderava o grupo para encontrar e elaborar uma estrutura. O próprio Grotowski, que normalmente não estava presente nas primeiras etapas do trabalho, viria nos ver quando já tivéssemos preparado um esboço para lhe mostrar ou finalizado uma tarefa que ele tivesse nos dado. Jim, que era uma espécie de assistente de direção de Grotowski no Objective Drama Program, conduzia o trabalho prático diário com o "performance team". Jim carregava um grande fardo: ele nos ajudaria a criar e preparar as estruturas, depois Grotowski chegaria e faria seus comentários e correções. Em seguida, voltaríamos a trabalhar com Jim para fazer as mudanças necessárias.

Esse período lembra o trabalho que Stanislávski conduziu no último período de sua vida, quando concentrou sua atenção num pequeno grupo de atores, não para criar um espetáculo, mas para aperfeiçoar a técnica desses mesmos atores enquanto trabalhavam sobre o *Tartufo* de Molière. Nesses ensaios, Kedrov ficou com muitas responsabilidades em suas costas, trabalhando com os outros atores sobre as tarefas que Stanislávski lhes havia deixado. De fato, por causa de seu estado de saúde, Stanislávski muitas vezes não estava presente. Quando os atores chegavam a uma determinada fase dos ensaios, Stanislávski vinha e trabalhava diretamente com eles, fazendo todas as correções necessárias, apontando-lhes a direção certa, assegurando-se de que haviam entendido onde estavam errados. Esse processo foi claramente descrito por Toporkov em seu livro *Stanislávski in Rehearsal*. Nosso trabalho no Objective Drama Program foi muito parecido. Grande parte da responsabilidade foi depositada em Jim que, até certo ponto, tinha a tarefa de fazer com que a "Main *Action*" nascesse.

Como "pretexto" para a criação da estrutura, começamos com o "Watching", descrito abaixo. Partimos dessa base inicial que através do tempo se adaptaria e mudaria, e à medida que novos elementos apareciam ou eram acrescentados, eventualmente o próprio "Watching" deixava de ser reconhecível. Ele ia desparecendo gradualmente enquanto a "Main *Action*" ia aparecendo. Foi um incrível processo de transformação.

O "Watching" era como um longo jogo de "siga o líder". Tinha uma estrutura de sequências simples que eram precisas e flexíveis ao mesmo tempo, como se fossem jogos físicos, e era conduzido por uma única pessoa. Todos os outros participantes tinham que seguir o tempo do líder, mas cada um a partir de sua corrente individual. Tudo tinha que acontecer em silêncio, sem sons vindos do chão ou da respiração.

Nessa fase do trabalho, o "Watching" havia se tornado uma prova de resistência muito difícil, como um jogo de guerreiros. Podia durar muito tempo, e várias vezes, no final, todos ficavam com enormes bolhas nos pés por causa dos movimentos e das rápidas rotações que tínhamos que fazer. Nesse primeiro ano eu ia para casa mancando para estourar e desinfetar as bolhas dos pés. Grotowski sempre dizia que era possível fazer o "Watching" sem ficar com bolhas, mas tínhamos que descobrir como. Naquela época, não acreditei nele. No entanto, depois de um ano parei de ficar com bolhas, e agora elas não aparecem mais quando eu trabalho. Ele estava certo: o corpo tinha encontrado seu modo natural de pisar.

No "Watching", meu problema era descobrir como me mover em silêncio. Especialmente durante a sequência de dança eu sempre fazia muito barulho com os pés. Ainda interessado em explosões físicas e emocionais, eu começava a fazer uma grande dança e inevitavelmente batia com os pés. Em seguida, o Jim vinha me dizer quanto barulho tinha feito e eu ficava chocado: eu não tinha ouvido barulho nenhum, achava que tinha sido completamente silencioso. Eu me dei conta de que, para não fazer barulho, teria que estar *atento*; mas minha atenção estava tão dispersa que durante todo o "Watching" eu só devo ter escutado realmente por alguns segundos. Logo depois que começávamos, eu perdia a concentração e deixava de estar presente para escutar se estava fazendo barulho ou não. A frequência da minha atenção era lenta demais. Para onde eu ia nesses momentos em que fazia barulho e não os escutava? Essa se tornou minha questão-chave.

Cada dia que fazíamos o "Watching", o Jim ficava zangado comigo porque eu fazia barulho. Então, para não fazer barulho, eu tinha que despertar minha atenção e observar ("watching", justamente) o tempo todo. Daqui vem o nome. A partir do "Watching" era possível ver quem estava atento e quem não estava, quem tinha atenção e reações rápidas, quem tinha o corpo em estado de alerta. De fato, o corpo precisava reagir às propostas do líder com a velocidade de um raio.

Jim também estava sempre me acusando de não ver durante o "Watching". Levei muito tempo para conseguir ver alguma coisa, pois nos movíamos rápido demais. Mas na maioria das vezes eu só dava uma olhada pra baixo e entrava em "meu próprio mundo", isso fazia parte do meu modo de "bombear". Sempre que tentava fazer algo profundo e intenso eu me desconectava dos meus parceiros e olhava pro chão. Então o Jim reagia sempre da mesma maneira: "Não olhe pra baixo!" Essa questão do ver também fazia parte do processo geral do despertar que eu precisava. Esses jogos sacudiam uma pessoa e a colocavam em estado de alerta. Entretanto, durante muito tempo, eu também perdi o contato com os outros e com o líder, mergulhando, nessas horas, em meus próprios pensamentos. Para quem observava, minha ausência era evidente, mas eu, estando perdido, nem sabia que estava batendo os pés no chão. Era como se eu tivesse adormecido rapidamente. Quando me lembrava e conseguia não fazer barulho e ver os outros, era como se por um instante eu tivesse despertado de um estupor interno. Jim sempre lutava para que eu despertasse e estivesse vigilante.

Após alguns meses de trabalho, Grotowski nos convidou à sua casa e mostrou uma cópia datilografada de um texto antigo (mencionado acima) dividido em pequenos fragmentos. Cada um de nós, um depois do outro, foi até um quarto ao lado para ler o texto sozinho, enquanto os outros discutiam e analisavam com Grotowski vários detalhes do trabalho. Depois que todos nós já havíamos lido o texto, cada um selecionou dois pequenos fragmentos que eram os mais significativos para si. Então Grotowski pediu que cada um de nós criasse uma canção para cada um dos dois fragmentos escolhidos, e com essas duas canções devíamos criar duas "estruturas individuais": algo na linha de um "mystery play", só que agora a canção deveria ser criada por nós e as palavras deveriam vir dos dois fragmentos escolhidos do texto antigo.

Fiquei assustado. O trabalho que tínhamos feito até aquele momento estava relacionado à improvisação dentro de uma estrutura. Mas eu sabia que quando Grotowski começava a falar de "estrutura individual", ele se referia a alguma coisa que devia ser precisa e que podia ser repetida, como um miniespetáculo. E é óbvio que isso demandaria ofício e capacidade de repetir. Fui invadido por imagens terrificantes quando me lembrei de como tinha fracassado miseravelmente nesse campo durante o verão passado na Itália.

Tendo que compor as canções para esses fragmentos, escutei alguns cantos antigos dos negros da América, baseando minhas melodias vagamente naquela maneira de cantar. Depois comecei a buscar o tema: mais uma vez eu queria encontrar algo que estivesse próximo de mim, algo que fosse emocionalmente muito importante. Lembrei que ao ler os fragmentos pela primeira vez, um deles, o que acabei escolhendo, provocou em mim uma associação com um sonho recorrente que eu costumava ter quando criança. Decidi basear minha "estrutura individual" nesse sonho.

Chego a uma casa durante a noite. Está escuro. Não entro, deve estar trancada. Viro à direita e dou alguns passos na frente da casa. Bem ali, vejo no chão uma mancha negra estranhíssima. Olho para baixo. É um buraco. Caio dentro do buraco. Meu corpo vai caindo durante muito tempo dando voltas no ar. Para acabar com o sonho, eu tinha uma caixa de controle imaginária em minhas mãos, com um botão vermelho e outro verde. Eu sempre levava essa caixa de controle invisível comigo para a cama. Quando apertava o botão verde eu acordava: continuava caindo no buraco até apertar o botão verde. Às vezes, quando "acordava", eu me via na minha cama, mas na verdade ainda estava sonhando, e sonhava que estava exatamente no meu quarto. Eu virava para a janela, e o diabo, com aquela aparência clássica de chifres na cabeça e roupa vermelha, abria a janela e entrava pela escada de incêndio. Se eu apertava o botão vermelho sempre podia fazê-lo desaparecer.

Bem, eu queria representar esse sonho com minha "estrutura individual". Estava decidido a ser preciso. Não queria cometer

UM ANO COM GROTOWSKI NO OBJECTIVE DRAMA   65

os mesmos erros do último verão na Itália. Mas agora, com o receio de fazer uma estrutura longa demais, exagerei na direção oposta, fazendo-a muito curta. Acho que durou só trinta segundos. Trabalhei novamente com "símbolos". Quando construí a "estrutura individual", usei "símbolos" para os diferentes elementos do sonho. Depois decidi em quais momentos deveria cantar a canção. Ainda não tinha coragem de fazer só as ações, simples e verdadeiras. Continuava "bombeando" emocionalmente todos os símbolos para que parecessem importantes. Ao invés de executar honestamente a "estrutura", tentei expressar minha profunda participação emocional, o que simplesmente impedia qualquer observador de entender o que eu estava fazendo. Mais uma vez eu tinha esquecido a verdade que Grotowski dizia ser a chave do ofício do ator: "as emoções independem da vontade"[2].

Eu não estava simplesmente fazendo ações; mais do que isso, fazia mais ou menos uma espécie de interpretação delas, já que não acreditava que a verdade de ações simples e claras fosse suficiente. Por exemplo, no início da minha "estrutura individual", eu deitava no chão – fazia isso para indicar que estava dormindo. Começava a cantar a canção no chão, e depois me levantava – isso servia para indicar que eu me levantava no mundo dos sonhos. Dava alguns passos, que significavam que eu caminhava para a casa escura. Via o buraco. E era aí que chegava o momento mais dramático, aquele que eu mais gostava: eu caía dentro do buraco e, enquanto caia, gritava. Eu não sabia como criar essa queda fisicamente, então a representava com um símbolo. Soltava um grito alto e curvava as costas para trás, fazendo a posição da yoga chamada "ponte", sustentando meu corpo com uma única mão. Depois tombava no chão, imóvel, o que significava a volta para a minha cama, dormindo.

Porque mais uma vez eu tinha composto minha "estrutura individual" com símbolos de ações e não com ações em si, novamente a história não podia ser clara para uma pessoa que a estivesse observando. Eu também havia omitido alguns dos elementos-chave do sonho, esquecendo de utilizá-los

---

2   Jerzy Grotowski, conferência realizada em Santarcangelo, Itália, 18 de julho de 1988, não publicada. A transcrição foi feita a partir de uma gravação em fita cassete, em francês, consultada através de Grotowski.

na "estrutura individual": por exemplo, a caixa especial que eu tinha em minhas mãos, e a presença do diabo.

Como não construí a linha lógica de ações físicas assim como elas aconteceram no sonho, nunca me dei a chance de acreditar no que estava fazendo. E como eu não podia acreditar no que estava fazendo, quem olhava de fora também nunca acreditaria. Eu representava as ações, oferecia signos no lugar delas. Não as fazia de verdade. Ao invés de lembrar exatamente, com meu corpo, como havia reagido enquanto caía no vazio – reencontrando todos os impulsos precisos que meu corpo (aquele que sonhava) tinha tido enquanto caía – representei tudo isso com uma forma, e tentei verter dentro dessa forma a emoção que havia sentido naquele momento. Inventei uma forma com a mente, querendo representar algo que o corpo tinha realmente experimentado. Então tentei executar essa forma fazendo penetrar nela a emoção que tinha estado presente no próprio sonho. Mas o corpo não tinha qualquer comportamento lógico no qual ele pudesse acreditar.

Eu também não entendia que o corpo podia recordar por si só. Se eu tivesse deixado meu corpo fazer seu próprio trabalho, se o tivesse deixado lembrar o modo como caía, ele podia ter começado a confiar na veracidade de seu processo, e lembrar a experiência da queda por si mesmo. Se eu tivesse feito isso com suficiente verdade, a emoção teria vindo depois, assim como tinha acontecido no sonho, em que havia a realidade da queda do corpo sonhado e, em seguida, a reação específica de terror, provocada pelo que o corpo estava experimentando. Primeiro veio a queda, depois a emoção.

Depois de ter mostrado essa ação para Jim e Grotowski, eles me disseram que não haviam entendido nada. Parecia que eles também não tinham acreditado realmente em muita coisa. A "estrutura individual" era curta demais, eu não tinha utilizado o tempo necessário para contar a história. Estava me precipitando. Mas dessa vez Grotowski havia me tratado com delicadeza. Fazendo algumas perguntas, lentamente tentou compreender o que estava me bloqueando. Perguntou-se sobre a história que eu estava tentando contar. Falei a ele sobre o conteúdo do sonho, e ressaltei que tinha me lembrado do sonho após ler um dos dois fragmentos do texto antigo

UM ANO COM GROTOWSKI NO OBJECTIVE DRAMA   67

que eu havia escolhido. "Ah", ele disse, "talvez isso possa funcionar. Talvez haja algo aqui". Mas a minha abordagem não era correta.

A partir da nossa discussão, começou a ficar claro pra mim que eu não devia "bombear". Não devia tentar preencher um símbolo com algum tipo de emoção épica. Eu precisava entender que ação física significava fazer, simplesmente fazer, sem acrescentar mais nada. "Não a torne mais intensa. Saiba o que está fazendo – e faça-o". Então, me pareceu que o tema da minha "estrutura individual" tinha alguma possibilidade; o problema estava na minha abordagem. Eu só precisava recordar o que Stanislávski havia dito: "Não podemos nos lembrar dos sentimentos e fixá-los. Só podemos nos lembrar da linha das ações físicas…"[3].

Esses conceitos começaram a ficar mais claros do ponto de vista intelectual, mas era duro romper com muitos dos maus hábitos que eu tinha desenvolvido. Quando cantava, por exemplo, eu manipulava a voz: minha mente cantava, e não o fluxo do meu corpo. Isso me bloqueava particularmente no trabalho com os cantos haitianos, quando o meu corpo é que tinha que cantar. Essa manipulação mental me levava a uma voz forçada, e à auto-observação que faz com que a laringe se feche pela metade; como consequência, minha voz costumava se cansar com facilidade. Outro mau hábito, difícil de romper, era o mesmo uso incorreto que eu continuava a fazer dos "símbolos" nas "estruturas individuais". Ao invés de me perguntar de fato o que eu tinha feito naquelas circunstâncias, como meu corpo se comportava naquele momento, qual era seu processo real, sem acrescentar nada de diferente, eu substituía tudo isso com um "símbolo". Eu estava dormindo na minha cama, e ao invés de reconstruir as transições precisas das posições físicas adquiridas durante o sono, eu só tinha deitado reto de costas, e isso deveria ter simbolizado que estava dormindo.

Eu também precisava começar a trabalhar na outra "estrutura individual", para o segundo fragmento do texto que havia escolhido. Baseei essa estrutura numa memória de infância na qual a mulher que tomava conta de mim me pegava no colo

3   Citado por Vasily O. Toporkov, op. cit., p.173.

e passeava comigo pelo quarto. Ela tinha uma grande verruga no pescoço, que eu explorava com os olhos enquanto ela me carregava nos braços. Eu sentia um desejo secreto de tocar e até mesmo de comer essa verruga, que eu chamava de "uva-passa".

Ainda que essa estrutura nunca tenha alcançado um alto nível de qualidade, foi um passo importante para mim no trabalho com Grotowski. Foi aqui que eu comecei a romper com alguns dos maus hábitos que havia colecionado, principalmente nos dois últimos anos, quando fazia um "intenso" teatro de vanguarda. Comecei a lutar para trabalhar com simplicidade. Vi que minhas reações internas só podiam confiar no meu comportamento físico se ele fosse verdadeiro.

Além disso, para essa "estrutura individual", passei horas e horas tentando reconstruir o comportamento físico a partir da minha memória. Surgiram infinitas perguntas. Quais músculos do meu corpo tencionavam quando ela me pegava no colo? Como meu corpo se acomodava em seus braços? Eu tinha tentado tocar sua verruga? Para o que eu estava olhando no quarto enquanto ela me carregava? Eu tentava me lembrar de tudo o que havia nas paredes, os quadros, onde estavam pendurados... Cada vez que eu repetia a estrutura, tinha que lutar para ver esses quadros, para projetá-los no espaço que estava à minha frente, e para ver no olho da minha mente suas cores e detalhes.

Esse trabalho era extremamente cansativo e eu perdia a concentração com frequência. Nessas horas, o Jim, que ficava observando, não deixava de me interromper e de me fazer repetir, uma vez depois da outra, até que eu reagisse de modo preciso, até que ele acreditasse no que eu estava fazendo e que houvesse um senso de verdade sem nada extra.

Eu tinha bastante dificuldade de ver efetivamente o quarto a partir da minha memória e de projetá-lo no espaço no qual trabalhávamos. Estava reconstruindo a maneira de ser carregado sem que ninguém me carregasse, e isso provocava uma grande pressão nos músculos do meu estômago, que sustentavam o resto do corpo. Após um período de ensaio, minha mente sempre começava a reclamar da fadiga física. Então o Jim me interrompia e dizia que por alguns instantes eu não tinha mais estado presente enquanto fazia minha linha de ações. Havia centenas de coisas que podiam perturbar minha concentração; as reclamações da minha mente eram somente uma delas. Ficou claro que uma pessoa que observasse com olhos atentos podia reconhecer os vários momentos em que eu não estava presente. Foi a partir daí que minha série de ações e pensamentos teve que ser completamente estruturada, para que eu pudesse passar de uma pequena ação à outra sem que houvesse buracos no meio. Percebi rapidamente que minha capacidade de concentração era muito fraca. Quase sempre minha mente vagava; estar presente e fazer apenas minha linha de ações era uma batalha constante. Lembro-me de ter tido a sensação de que elaborar essa estrutura era como tentar avançar enfiado na lama até a cintura.

Enquanto eu ensaiava essa "estrutura individual" com o Jim, que era muito persistente, comecei a ficar mais familiarizado com minha linha de ações físicas. Mas ainda que as fizesse de modo verdadeiro, a batalha continuava. Muitas vezes, principalmente quando eu cantava, uma voz falava dentro de mim e dizia que meu trabalho ainda não era suficientemente intenso, uma voz negativa que ficava repetindo: "O que você está fazendo não é nada". Aí então eu forçava, e perdia o senso de verdade. Jim percebia isso na mesma hora. Mas depois de muito trabalho, essa "estrutura individual" foi ficando mais verdadeira, e o Jim chegou a incluí-la numa pequena montagem para mostrar a Grotowski.

Depois de vê-la, Grotowski nos falou sobre o que Stanislávski tinha chamado de "verdadezinha". Grotowski disse que minha "estrutura individual" estava se tornando cada vez mais verdadeira, mas às vezes a simples verdade não era suficiente. Observando, podíamos dizer: "Sim, eu acredito, aí existe algo de verdadeiro – mas e então?" Estávamos diante de uma "verdadezinha". Normalmente isso significava que o tema da "estrutura individual" não tocava o ator em profundidade. Eu estava trabalhando em torno do acontecimento errado. Grotowski sugeriu que eu jogasse tudo fora e começasse a trabalhar partindo do zero, buscando o tema que seria mais do que uma "verdadezinha". Essa mudança de tema não era "turística" porque eu havia mudado conscientemente: estive escavando no lugar errado. Agora eu me sentia mais confiante, pois havia começado a trabalhar de um modo um pouco mais verdadeiro.

Comecei a construir o esboço de uma nova "estrutura individual" em torno de uma memória de infância, a descoberta de que meu cabelo era diferente, crespo e africano, enquanto o da minha mãe era liso. Eu lembro que Grotowski achou que esse tema pudesse trazer alguma possibilidade, mas nunca levamos essa "estrutura individual" muito adiante. Naquela época eu não sabia por quê. Alguns anos depois, ele disse que tínhamos parado de trabalhar naquela "estrutura individual" porque o problema havia sido resolvido. Antes, eu não aceitava totalmente o meu aspecto africano, mas depois, havia começado a aceitá-lo por completo, e não havia mais razão para trabalhar nessa "estrutura": o problema tinha sido resolvido.

Guiados por Jim, eu e mais dois membros do "performance team" tínhamos começado a elaborar diferentes esboços como caubóis. Fizemos um esboço em que os caubóis conduziam o gado através de um rio impetuoso. Aqui, com nossos corpos, precisávamos descobrir a fisicalidade do ato de montar um cavalo veloz, cercando as vacas para formar o rebanho e conduzindo-as através do rio. Tudo isso parecia uma "dança" de ações. Tivemos que nos mover, praticamente "dançando o cavalo" enquanto realizávamos as ações do cavaleiro. Também tínhamos tentado descobrir de que maneiras os caubóis chamavam o gado. Em outro esboço, os caubóis estavam ao redor da fogueira do acampamento. Um de nós tinha se sentado perto do fogo, outro tocava acordeão, e eu fazia o que pensava ser uma dança de caubóis de verdade ao som do acordeão. Para nos ajudar a encontrar os caubóis, havíamos usado chapéus e ponchos.

À medida que a estruturação da "Main *Action*" evoluía, diferentes momentos dos "esboços dos caubóis" eram conservados. Grotowski tinha visto nossos esboços, e disse, por exemplo, que havia algumas possibilidades na minha dança de caubói perto da fogueira do acampamento. Então fui trabalhar nisso separadamente. Mais tarde, durante a montagem da "Main *Action*", ele inseriu essa dança na estrutura, numa relação específica com a diferente linha de ações de outra pessoa. Tive que manter a mesma dança com a sua intenção, mas agora a situação que existia ao meu redor havia mudado. Para quem observava, minha dança passava a ter um significado específico por causa do seu contexto, das ações que estavam ao seu redor, e da montagem. No entanto, isso não me dizia respeito. Eu só tinha que buscar minha dança original e suas intenções. Uma testemunha teria recebido uma história pré-construída a partir dessa montagem, e nem suspeitaria que nossa associação original tivesse a ver com caubóis.

Nessa etapa da estruturação da "Main *Action*", foram mantidos dois elementos sobre os quais eu havia trabalhado nesses esboços: o cavalgar e a dança do caubói. Alguns dos elementos dos outros atores também foram mantidos e utilizados em diferentes momentos nessa versão da "Main *Action*". Deve-se levar em conta que a "Main *Action*" evoluiu continuamente até sua versão final. O processo levou um ano, mas já depois de dois meses havíamos estruturado uma versão completa na qual trabalhamos todos os dias. Essa estrutura teria mudado e se transformado ao longo do caminho, até chegarmos à versão final. Desde uma fase muito inicial, estávamos trabalhando dentro de estruturas precisas, e nada dessas estruturas podia ser jogado fora até que algo mais essencial tivesse sido encontrado. Nenhuma "marcação" era permitida: sim, em alguns momentos trabalhávamos tecnicamente, friamente – por exemplo, para memorizar o posicionamento no espaço – mas normalmente, toda vez que trabalhávamos na "Main *Action*" ou em um de seus fragmentos, tínhamos que fazê-los por inteiro.

Na versão final da "Main *Action*", havia uma sequência na qual eu fazia uma série de ações que foram criadas mais ou menos do mesmo modo em que trabalhávamos as "estruturas individuais". Com a ajuda do Jim, eu tinha elaborado uma "estrutura individual" em torno de uma memória da minha infância na qual, enquanto dormia, ouvia meu pai gritando de dor em outro quarto. Eu ia até lá e o encontrava com uma dor atroz no quadril. Eu massageava seu quadril. Nunca tinha visto meu pai assim tão desesperado. Foi nesse estágio do meu desenvolvimento que me dei conta de que fazer algo em uma "estrutura individual" significava, simplesmente, fazê-lo. Lembrei-me de todo o comportamento físico relacionado a essa recordação: qual foi a mudança imediata da posição do meu corpo quando fui acordado por seus gritos? Qual foi minha primeira reação? Com que velocidade corri para o quarto onde ele estava? Em seguida, tentei me lembrar exatamente de como ele estava deitado, o que me disse assim que cheguei, a cor da sua voz, como eu o estava escutando e, depois, de que modo eu tinha massageado seu quadril (na minha "estrutura individual", fiz isso imaginando que ele estivesse diante de mim). Tudo isso me proporcionou minha linha de ações físicas, a partitura que eu tinha que seguir.

Uma das diferenças entre o uso das ações físicas feito por Stanislávski e por Grotowski está na técnica da montagem. Todas as minhas associações e as minhas ações giravam ao redor desse acontecimento pessoal, e esse era o meu segredo. Ninguém que nos visse fazendo a "Main *Action*" poderia um dia saber disso: as pessoas recebiam, através da montagem completa, uma história totalmente diferente. Enquanto eu seguia a minha série de ações físicas relacionada ao meu pai, ao meu lado uma atriz seguia outra série de ações, completamente diferente: *sua própria história pessoal.* No entanto, por conta da coordenação precisa do tempo e do ritmo de algumas de nossas ações, e devido à nossa proximidade, minha e dela, quem nos observava percebia nossas ações como se estivessem inter-relacionadas. Viam uma única história que tinha a ver com nós dois juntos, quando, na realidade, estávamos seguindo duas *linhas de associações e de ações completamente diferentes*, que estavam separadas. A atriz não sabia sobre que memórias eu estava trabalhando, e eu também não sabia sobre que memórias ela trabalhava.

Graças ao trabalho sobre essa "estrutura individual", descobri na prática que não deveria me meter de jeito nenhum com as emoções. Não deveria nem me preocupar com elas. A chave das ações físicas reside no processo do corpo. Eu só precisava fazer o que estava fazendo, e toda vez que repetia a "estrutura individual", devia lembrar, de forma cada vez mais precisa, o modo como eu tinha feito o que tinha feito. Deixar estar as emoções. Eu me ajoelhei dessa maneira. Meu pai estava deitado assim. Inclinei-me em sua direção e minhas mãos estavam dobradas dessa forma. Toquei-o. Se não sinto nada, não sinto nada. Minhas emoções são livres. Eu tentava me lembrar de novo dessa *maneira de fazer* a cada vez que executava essa "estrutura individual" na "Main *Action*".

Essa "estrutura individual" não era uma ação extraordinária, mas sim um passo a frente, um exercício. Na prática, comecei a compreender que "a 'pequena verdade' das ações físicas serve de estímulo para a 'grande verdade' dos pensamentos, das emoções, das experiências, e uma 'pequena mentira' das ações físicas gera uma 'grande mentira' na zona das emoções, dos pensamentos e da imaginação"[4].

Lembro-me de uma sessão de trabalho que foi crucial e que aconteceu naquele momento. Grotowski estava assistindo à "Main *Action*". Havia uma parte da minha estrutura em que eu caminhava, levando um objeto para alguém. De repente Grotowski nos interrompeu e disse para mim: "Sim, existe algo aí". Fiquei atônito – eu só estava caminhando de modo muito simples, nada de especial. Mas ele falou: "Não, havia algo ali, algo verdadeiro. Intenção... você estava caminhando para alguém". Ele pediu que eu me lembrasse da minha associação relacionada a esse momento. Eu não precisava contar nada para ele, mas devia escrever sobre ela o mais exatamente possível. Peguei meu caderno e escrevi sobre minha associação.

Eu tinha caminhado assim quando levei um presente para meu pai no hospital. As enfermeiras disseram que eu era jovem demais para poder entrar lá sozinho, mas não desisti: agora eu estava caminhando no hospital em direção ao quarto do meu pai. Escrevi essa recordação.

Nessa caminhada Grotowski tinha visto as sementes de algo que eu ainda não podia perceber. Ele disse que eram as sementes da "organicidade". Ainda que eu não soubesse exatamente o que isso queria dizer, entendi que significava algo não forçado, algo natural, assim como são naturais os movimentos dos gatos. Se eu observo um gato, noto que todos os seus movimentos estão no devido lugar, seu corpo pensa sozinho. O gato não possui uma mente *discursiva* que bloqueia a reação orgânica imediata, que atua como obstáculo. A organicidade também pode estar no homem, mas está quase sempre bloqueada por uma mente que não está fazendo seu próprio trabalho, uma mente que tenta conduzir o corpo, pensando rápido e dizendo a ele o que fazer e de que forma. Essa interferência

---

4 Citado por Sonia Moore, *The Stanislavski System*, p. 23.

quase sempre provoca um modo de se mover que é quebrado e *staccato*. No entanto, se você observa um gato, pode ver que todos os seus movimentos são fluidos e conectados, mesmo os mais rápidos. Para que um homem alcance essa organicidade, sua mente também deve aprender o modo correto de ser passiva, ou aprender a se ocupar apenas de sua própria tarefa, deixando o corpo livre para que ele possa pensar por si mesmo. Grotowski afirma:

> Organicidade: também é um termo de Stanislávski. O que é organicidade? É viver de acordo com as leis naturais, mas em um nível primário. Não podemos nos esquecer, nosso corpo é um animal. Não estou dizendo: somos animais, eu digo: nosso corpo é um animal. A organicidade está relacionada ao *aspecto-criança*. A criança é quase sempre orgânica. Tem-se mais organicidade quando se é jovem, menos quando se envelhece. Evidentemente, é possível prolongar a vida da organicidade lutando contra os hábitos adquiridos, contra o treinamento da vida cotidiana, rompendo, eliminando os clichês de comportamento e, antes da reação complexa, retornando à reação primária[5].

Fiquei surpreso ao ver que Grotowski tinha percebido uma possibilidade de organicidade numa caminhada tão simples. Ali não havia nenhuma grande revelação, eu só estava caminhando. Essa caminhada tornou-se parte da "Main *Action*": eu caminhava com dois outros homens atrás de mim. Mas a cada vez que fazia isso, tinha que me lembrar de como havia caminhado para o meu pai no hospital. Eu não devia recordar meu sentimento, mas o modo como havia caminhado, e para quem. Era essencial que naquele momento eu me lembrasse da minha intenção: *para quem* estava caminhando. Antes disso, estava sempre cometendo o erro de me concentrar na experiência emocional. Eu criava um símbolo do que o momento tinha sido, e depois tentava "bombear" a intensidade emocional original dentro dessa forma/símbolo. Mas nessa caminhada, tinha que me concentrar em *como* fiz isso, na maneira precisa de caminhar, e para quem. Eu estava indo ao encontro do meu pai no hospital para levar-lhe um presente, tinha acabado de

---

5   Jerzy Grotowski, C'était une sorte de volcan, entrevista em *Les Dossiers H*, Paris: L'Age d'Homme/Bruno de Panafieu, 1992, p. 102.

passar pelas enfermeiras e havia caminhado desse jeito... Eu *não devia tentar me sentir* orgulhoso. Isso eu não posso fazer, mas posso me perguntar: *nesse momento em que me sentia orgulhoso, como eu caminhava?* Comecei a entender na prática o que Stanislávski queria dizer quando afirmava: "Não me fale de sentimentos. Não podemos fixar os sentimentos; só podemos fixar as ações físicas"[6].

A "Main *Action*" estava começando a amadurecer. Grotowski tinha iniciado a trabalhar separadamente com dois dos atores (Jairo Cuesta e Pablo Jimenez). Eles estavam fazendo uma miniestrutura que não nos mostraram por algumas semanas. Quando a vi pela primeira vez, fiquei chocado com sua clareza. Percebi que não estavam "interpretando" de jeito nenhum, estavam simplesmente executando algumas tarefas. A chave reside em fazer verdadeiramente. Não interprete, faça. Logo depois, juntei-me ao Jairo e ao Pablo e, trabalhando nesse trio, desenvolvi o tema principal do meu papel na "Main *Action*".

A história da "Main *Action*" começou a ficar mais clara, através da sua montagem, como a viagem de um homem jovem (que eu associava com a viagem rumo à maturidade ou à iniciação), na qual o vemos superar certas provas.

Agora vou tentar analisar o errado funcionamento dos meus processos interiores, funcionamento que começou a mudar nesse período. Era como se uma parte de mim estivesse sempre tentando fazer o trabalho da outra: não havia ordem interior. Quando, por exemplo, eu estava tentando descobrir uma maneira de dançar, minha mente dizia ao meu corpo o que ele devia fazer, interrompendo-o sempre, dizendo: "Não, dessa maneira não. Dessa maneira!" Não podia existir nenhuma reação autêntica, eu estava sempre atrasado porque o corpo tropeçava na mente. Meu corpo também não era tão inocente: gastava uma imensa quantidade de sua própria energia tentando "bombear" as emoções; em outras palavras, tentando afetar meu estado emocional mudando o ritmo da respiração, ou criando uma tensão muscular para estimular "sintomas" de intensidade. As emoções não tinham a permissão de reagir naturalmente à minha linha de ações. Cada mecanismo tentava fazer o trabalho

---

6   Citado por Vasily O. Toporkov, op. cit., p. 60.

do outro, sem fazê-lo bem feito. Toda essa confusão interna, como se fosse um grande nó, interrompia o fluxo criativo.

Ficou claro para mim que, provavelmente, devia ser possível desenvolver um funcionamento correto, no qual cada mecanismo, ocupando seu próprio espaço, colaborava com o todo. Por exemplo, o corpo devia tentar se lembrar de todo o processo, a mente só precisava dizer "sim" para encorajar o corpo, ou então evocar alguma recordação ou alguma imagem precisa que pudesse ajudar o corpo em sua busca. As emoções, então, deixadas sozinhas, teriam tido menos medo de reagir ao que o corpo e a mente estavam fazendo. Em outras palavras, o corpo e a mente teriam executado suas próprias tarefas, dando espaço às emoções para reagirem naturalmente.

Nesse momento, um pouco de ordem começou a se cristalizar. O primeiro fator de ordem foi, no meu caso – e isso pode ser diferente para cada tipo de ator –, o corpo. Sua corrente orgânica começou a falar suficientemente forte para que a mente não pudesse mais bloqueá-lo ou obstruir seu caminho com facilidade. A mente, por sua vez, começou a aprender quando devia ser passiva, ou falar positivamente, para ajudar a desbloquear o processo do corpo, garantindo, ao mesmo tempo, que a estrutura fosse mantida. Em outras palavras, a mente começou a aprender que ela não era o único soberano, que o corpo também tinha a *sua própria maneira de pensar*, se ela o deixasse fazer seu próprio trabalho. À medida que minha mente começava a aprender a ser mais passiva, meu corpo tinha um campo aberto para ser ativo; e como ele tinha ficado grudado numa cadeira durante muito tempo em nosso chamado sistema educacional, quando encontrou um canal aberto ele se apresentou. Estava realmente faminto de um próprio campo de atividade. Foi nesse momento que Grotowski começou a ver em mim alguma possibilidade, e trabalhou comigo para nutri-la.

Teve início um novo momento em nosso trabalho. Até aqui, eu tinha tentado estruturar um fragmento unicamente a partir da mente. Agora, eu escutava o corpo, deixando que ele descobrisse o fluxo de ações de que precisava. E o corpo, ativado, começou a encontrar sua via natural e não forçada, sua organicidade.

Aqui Grotowski frisou que não devíamos mais ter pressa de estruturar. Agora temos que reconhecer que um animal selvagem entrou no espaço com sua organicidade. Não deve ficar preso na estrutura tão cedo, senão acabaríamos limitando seu ímpeto natural. O animal devia chegar ao seu ímpeto natural, e o diretor devia saber o momento exato no qual amarrar a estrutura, e o modo preciso em que ele cercaria o animal selvagem para que não ficasse espantado e fugisse.

Ele sempre falava desses momentos como momentos de "graça", nos quais as fontes começavam a se ativar, os recursos profundos de uma pessoa, quando parece que cada um de seus movimentos está circundado de leveza. Quando a graça estiver presente, não interrompa, dizia Grotowski. Esse não é o momento de estruturar, de trabalhar sobre as ações físicas, ainda não é o momento de fixar as ações, porque, se você faz isso, corre o risco de transformar o desconhecido, que está emergindo, em conhecido. Você pode acabar matando algo que está surgindo. Por essa razão, ele começou a trabalhar comigo pessoalmente.

Grotowski sempre sabia exatamente quando intervir e exigir estrutura. Como um caçador especialista, o diretor deve sentir o processo do ator de dentro de si, através da sua própria intuição, e saber... agora, estrutura! A hora de amarrar a estrutura é o momento em que o desconhecido apareceu por inteiro, imediatamente antes que ele comece a perder sua força inicial: é aí que você deve amarrar. Nesse nível o ofício se torna extremamente delicado, é como montar um animal selvagem: você deve saber quando puxar as rédeas ("a estrutura"), e quando afrouxá-las, de modo que o animal possa correr livremente. Em um determinado ponto, a "Main *Action*" havia se tornado uma estrutura na qual essa descoberta tinha que correr livremente.

A estrutura da "Main *Action*" nunca alcançou a perfeição: havíamos trabalhado nela durante um ano e chegamos a uma "etapa do trabalho" que era como um grande esboço finalizado. Quando, quase no final do ano, a versão definitiva foi completada, várias pessoas visitaram o Objective Drama Program e nos viram fazendo essa "*Action*". Acho que a partir dessa montagem viram a história de um jovem homem, um "nativo" (eu) que, numa situação tribal ou de aldeia, vivencia um rito de passagem para amadurecer. Mas o que *eles* devem ter visto não me diz respeito.

No começo daquele ano, de um dia para o outro, de repente, compreendi meus erros. Havíamos chegado a um ponto em que o Jim tinha se virado para mim para dizer que havia algumas coisas que eu, simplesmente, não devia fazer: não devia fazer barulho quando me movia, não devia ter a respiração pesada, não devia perder o contato com meus parceiros etc… Ele listou, ponto por ponto, tudo aquilo que eu não devia fazer. Um dia depois, fizemos a "Main *Action*". Na tarde seguinte, o Jim me convidou para almoçar, e disse que Grotowski havia pedido para que ele me dissesse que eu tinha conseguido quebrar absolutamente todas as regras. Caí em mim e me dei conta de que a minha participação no grupo estava por um fio. Naquele instante – isso me penetrou completamente – compreendi que tipo de atenção ativa eu precisava manter para não cometer o que já estavam chamando de "os crimes do Thomas". Esses crimes estavam inclusive listados numa folha de papel para que eu pudesse estudar o que *não devia fazer*. Bem, é óbvio que na próxima vez que fizemos a "Main *Action*" eu não quebrei as regras. Fiquei concentrado na minha linha de ações com toda a atenção necessária.

Em seu conjunto, a "Main *Action*" serviu como um espaço para que essa organicidade recém-descoberta pudesse encontrar a si mesma. Sendo assim, como eu veria mais tarde, a exigência de precisão naquele período era relativamente mínima. A corrente estava fluindo sozinha, uma fonte havia sido tocada, e ainda não era hora de tornar aquele fluxo mais estreito.

Depois que paramos de trabalhar na "Main *Action*", Grotowski me disse que ela ainda era bastante amadora. Tive dificuldade de acreditar nele, pois era a estrutura performática profissional mais precisa na qual eu já havia trabalhado. Só depois é que eu aprenderia, por experiência, que a "Main *Action*" tinha sido estruturada com "pontos largos", se comparada a um fragmento que podia ser estruturado de modo bem mais amarrado.

O final daquele ano testemunhou um grande crescimento no meu trabalho pessoal com Grotowski. O momento exato no qual ele teve um interesse ativo no meu desenvolvimento é muito claro na minha memória. De um dia para o outro, sem nenhuma hesitação, era como se ele tivesse tomado a decisão consciente de me ajudar. Como as presas do elefante que, depois de nascerem, não reentram mais. A partir desse momento, o mesmo aconteceu com seu interesse e seu suporte.

Ele perguntou se eu queria ser seu assistente e nos transferimos para Pontedera, na Itália, onde fundaríamos, no ano seguinte (1986), o Workcenter of Jerzy Grotowski.

No Workcenter
of Jerzy Grotowski

Quando chegamos à Itália, em 1986, eu era um dos três assistentes de Grotowski. Ainda assim, a responsabilidade era enorme: tínhamos que formar o grupo, a equipe prática, partindo realmente do início. Naquele momento, Grotowski já tinha começado a voltar sua atenção para o que atualmente considera a fase final da investigação de sua vida. Naquele ano começamos o que pode ser visto como a preparação para essa eventual fase final. Em um certo nível, suas intenções nesse período coincidem paradoxalmente com aquelas que Stanislávski tinha no período final de sua vida. O próprio Grotowski tinha observado:

No final de sua vida, Stanislávski se dirigiu aos atores que se reuniam ao seu redor para fazer um trabalho sobre o *Tartufo*, com o seguinte espírito:
"Quero transmitir a vocês a técnica do trabalho, somente a técnica do trabalho. Não vamos fazer uma estreia, vamos apenas trabalhar para compreender o que é a técnica do trabalho"[1].

Nossa primeira tarefa era encontrar os membros do grupo. Fui ingênuo ao supor que encontraríamos facilmente artistas

---

1   Jerzy Grotowski, conferência em Santarcangelo, Itália, op. cit.

talentosos, pessoas com técnicas aprimoradas de atuação e especialmente de canto, indispensáveis para o trabalho com Grotowski. Eu estava errado: para encontrar as pessoas certas nos deparamos com grandes dificuldades.

Nosso trabalho tinha condições especiais. Não tínhamos dinheiro para pagar os participantes; eles precisavam ser responsáveis por todas as suas despesas e, trabalhando de dez a doze horas por dia, não teriam tempo para trabalhar em outro lugar. Além disso, nunca teríamos feito um espetáculo público, o que para alguns podia ser difícil de aceitar. Os candidatos precisavam estar prontos, como os atores ao redor de Stanislávski no fim de sua vida, não para trabalhar em função de uma estreia, mas para o trabalho em si. Só alguém muito particular e dedicado podia ser a pessoa certa para um trabalho como esse: alguém que praticamente pudesse deixar de lado tudo o que dizia respeito a uma "vida normal" por um período de tempo considerável. Nada que tivesse valor podia ser aprendido ou ensinado num workshop de curta duração e, de fato, foi necessário um ano inteiro de trabalho intenso com algumas pessoas só para ver se algo era possível. Além do mais, perguntava-se a todos os participantes do Workcenter se estavam prontos para ficar lá no mínimo durante um ano.

Chegando à Itália, fizemos seleções com candidatos provenientes de vários países e, para os assistentes de Grotowski, a aprendizagem foi intensificada. Tínhamos que conduzir todo o trabalho praticamente sozinhos. Cada um de nós devia propor o modo de conduzir a seleção, dizendo o que pensava que podia fazer com os candidatos, e, se Grotowski aprovava, guiá-los então naquele trabalho. Tínhamos que construir o trabalho, e Grotowski, como um avô experiente, nos observava cometendo erros e nos ajudava a sair de cada armadilha em que caíamos, para ter certeza de que havíamos compreendido com clareza onde tínhamos errado o caminho.

A propósito do que cada assistente *pensava* que pudesse fazer, Grotowski tinha sido muito explícito. Sem piedade, ele atacava nossas sugestões se alguém propunha conduzir um trabalho para o qual não estava qualificado. Se algum de nós propusesse conduzir os cantos, por exemplo, a pergunta imediata era: "Qual é seu nível de mestria com relação a esses cantos?"

Grotowski estava tentando encontrar o lugar certo para cada um de nós. Várias vezes citava as palavras de Napoleão: "O maior pecado é quando um homem *não está no seu lugar*; quando um homem está destinado a ser um general e, ao contrário, é um cabo, ou quando alguém realmente tem as capacidades de um cabo e toma o lugar de um general". Desde as nossas primeiras discussões com Grotowski em Pontedera, ficou claro para mim que, em termos de técnica, nós, assistentes, praticamente não tínhamos nem uma perna sobre a qual ficar em pé. Ele tinha total consciência disso, e por meio de nossas conversas também nos tornou conscientes sobre esse ponto, deixando que descobríssemos isso sozinhos.

Grotowski disse que nessa situação havia uma única possibilidade: kamikaze. Essa estratégia, ele disse, só pode funcionar uma vez, porque é muito dura. Mas naquele instante, para defender nossa presença como assistentes, era nossa única chance. Essa atitude kamikaze deixou muitas tensões em algumas das pessoas que participaram dessas primeiras seleções. Parecia que tinham a impressão de que éramos todos loucos, trabalhando de forma inflexível, sem nenhuma compaixão. Eles não sabiam, no entanto, que trabalhávamos tão duramente porque na verdade esse era um teste para nós. Resistência era nossa única forma de lutar naquele momento, nós nos colocávamos à prova até alcançarmos nossos próprios limites.

No trabalho de Irvine estive protegido, mas agora era exatamente o contrário. Essa primeira seleção foi uma batalha em campo aberto e, imediatamente depois, conduzimos várias outras seleções, trabalhando com centenas de candidatos. Eu esperava que a maioria deles fosse imensamente qualificada, mas foi ficando claro que qualquer trabalho que quiséssemos realizar teria que começar do zero.

Antes que as seleções começassem, nós, assistentes, tínhamos que determinar o que cada um conduziria com os participantes. Após uma série de tentativas, chegamos à seguinte divisão de base das responsabilidades: eu conduziria o trabalho sobre os cantos antigos (no primeiro período, os haitianos, em seguida, os africanos e os afro-caribenhos); desenvolveria um treinamento físico com os participantes; guiaria os "Jogos em Movimento", que eram meio improvisados e meio estruturados

84 TRABALHAR COM GROTOWSKI SOBRE AS AÇÕES FÍSICAS

(derivavam da versão inicial do "Watching" de Irvine); e introduziria os participantes nos fundamentos de Motions. Um dos meus colegas trabalharia principalmente as "Acting propositions" individuais dos participantes, e o outro ajudaria no trabalho com os "Jogos em Movimento", Motions e o treinamento físico. Grotowski supervisionaria todo o trabalho, analisando-o em privado com os assistentes e publicamente, quando necessário, com os candidatos. Quando chegava a hora de selecionar os candidatos do grupo, nós, assistentes, propúnhamos a Grotowski, individualmente e por votação secreta, nossa lista de candidatos ou – como na maioria dos casos – o nosso candidato. Grotowski ficava com a decisão final; mas raramente escolhia alguém que não tivéssemos proposto.

Nessa primeira seleção, eu não estava focando elementos de trabalho que exigiam um conhecimento prático das ações físicas. Ainda estava em um período de desenvolvimento em que Grotowski deixava meu "cavalo" correr. Conduzi os elementos de trabalho nos quais podia improvisar espontaneamente *dentro de uma estrutura*. Nesses elementos, como o treinamento e os "Jogos em Movimento", não precisávamos ter uma partitura de ações físicas. Eu ainda estava me concentrando na fonte, trabalhando na raiz onde o desconhecido podia aparecer. Os elementos que conduzi naquele momento, portanto, não demandavam aquela precisão cirúrgica necessária na estruturação final do fragmento. Mas havia, nessas primeiras seleções, momentos em que eu trabalhava as "Acting propositions" com os candidatos; e ali pude me confrontar imediatamente com a dificuldade de estruturar um fragmento como diretor. Para mim, tornaram-se evidentes as diferenças entre: de um lado, as ações físicas; do outro, as atividades, os movimentos, os sintomas (como, por exemplo, ficar vermelho) e os gestos.

Teve um dia em que trabalhei com vários candidatos ao mesmo tempo: cada um deles trabalhava individualmente, mas – por falta de espaço – todos na mesma sala, preparando as "Acting propositions" relacionadas a um canto. Cada um devia estruturar um fragmento individual em torno de um velho canto que lembrava ter ouvido quando criança. Para mim, foi

fácil perceber que algumas dessas propostas funcionavam e outras não, mas por quê? Um jovem ator, por exemplo, escolheu
caminhar sobre uma corda bamba; em sua "Acting proposition" víamos que ele cantava uma canção ao mesmo tempo em
que tentava caminhar na corda bamba. Essas eram atividades,
e não ações: ele não tinha um *por quê*, um *para quem*, ou um
contra quem.

Grotowski sempre apontou para a diferença entre ações
físicas, de um lado, e atividades, movimentos, gestos e sintomas do outro; dizendo que confundir uma coisa com outra era
um dos erros básicos cometidos quando alguém tentava trabalhar segundo o "método das ações físicas" de Stanislávski.
Nós sempre nos enganávamos quando preparávamos as "Acting
propositions" para ele; confundindo, por exemplo, *atividades*
com ações. Na conferência que fez em Santarcangelo em 1988,
Grotowski afirmou:

> O que é preciso compreender imediatamente é o que as ações
> físicas *não são*. Por exemplo: não são atividades. Atividades no se-
> guinte sentido: limpar o chão, lavar a louça, fumar o cachimbo. Es-
> sas não são ações físicas, são atividades. E quando as pessoas acham
> que estão trabalhando segundo o "método das ações físicas", fazem
> essa confusão o tempo todo. Os diretores que trabalham sobre as
> ações físicas muitas vezes pedem aos seus atores para limpar bas-
> tante o chão e lavar bastante louça no palco. Mas uma atividade
> pode *se transformar* em uma ação física. Por exemplo, vocês me
> fazem uma pergunta que me deixa bastante sem graça (como nor-
> malmente acontece), então, vocês me fazem essa pergunta e eu tento
> ganhar tempo. Nessa situação, começo a preparar firmemente meu
> cachimbo. Agora minha atividade se torna uma ação física, porque
> se torna a minha arma: "Sim, estou realmente muito ocupado, pre-
> ciso preparar meu cachimbo, limpá-lo, acendê-lo, depois disso tudo
> eu vou responder a vocês…"[2].

Aqui Grotowski ressalta a diferença entre atividades e
ações físicas. Em nossas seleções, havia pouquíssimas pessoas
que construíam imediatamente uma proposta usando a linha
das ações físicas. Com maior frequência, alguém cantava uma
canção ao mesmo tempo em que executava alguma atividade.

2   Ibidem.

No entanto, fazendo as perguntas certas e encontrando a circunstância específica, algumas dessas atividades podiam até se transformar em ações. Mas o ator que acabei de citar estava construindo sua "Acting proposition" como a maioria dos candidatos, com atividades. Ele estava cantando a sua canção ao mesmo tempo em que tentava caminhar na corda bamba. *Atividades não são ações*. Grotowski repetia essa indicação muitas vezes.

Na análise da diferença entre ações físicas e gestos, Grotowski disse:

Outro mal-entendido sobre as ações físicas é acreditar que elas são gestos. Os atores gostam de fazer muitos gestos porque acham que esse é seu ofício. Também existem gestos profissionais, como os gestos dos padres, por exemplo, ou como no meu caso... às vezes... sou muito sacramental... Mas eles são gestos, não são ações. ... Agora, o que é um gesto, se nós olhamos de fora? Como reconhecer facilmente um gesto? Na maioria das vezes, um gesto é um movimento *periférico* do corpo, um gesto não nasce de dentro do corpo, mas da periferia (as mãos e o rosto)[3]. Há uma grande diferença entre um camponês que trabalha com suas mãos e o homem da cidade que nunca trabalhou com suas mãos. O último tem a tendência de fazer gestos ao invés de ações. Pode-se dizer que é um homem que vive na própria cabeça. Mas na maioria das vezes ele não está vivo, não é orgânico. Na verdade, isso acontece porque ele faz gestos e não ações. Observem: o homem da cidade que tem a tendência de fazer gestos dá a sua mão para outra pessoa dessa maneira [Grotowski dá a sua mão partindo da própria mão]. Os camponeses partem de dentro do corpo, dessa maneira [Grotowski dá a sua mão partindo de dentro do corpo através do braço]. É uma diferença enorme (peguei essa observação emprestada de um ator polonês de origem camponesa)[4].

Descrevendo a *diferença entre movimentos e ações físicas*, em sua análise, Grotowski acrescentou:

É fácil confundir ações físicas com movimentos. Se estou caminhando em direção à porta, não é uma ação, é um movimento. Mas se estou caminhando em direção à porta para contestar "suas

---

3 Ibidem.
4 Jerzy Grotowski, Conferência em Liège, Bélgica, op. cit.

perguntas estúpidas", para ameaçá-lo de interromper a conferência, então haverá um ciclo de pequenas ações, e não apenas um movimento. Esse ciclo de pequenas ações estará relacionado ao contato que tenho com você, ao meu modo de perceber suas reações; quando caminhar em direção à porta, vou manter uma espécie de "olhar controlador" sobre você (ou uma escuta) para saber se minha ameaça está funcionando. Então não será uma caminhada como um movimento, mas algo bem mais complexo em torno do fato de caminhar. O erro de vários diretores e atores é fixar o movimento ao invés de fixar todo o ciclo das pequenas ações (ações, reações, pontos de contato) que simplesmente surgem *na situação* do movimento[5].

Nessa primeira seleção, havia outro jovem ator, F., que trabalhava em uma "Acting proposition" utilizando as ações físicas de modo correto. A história estava relacionada ao seu pai. Uma noite seu pai chegou bêbado do bar, cantando até cair inconsciente no chão. Com seu próprio corpo, F. começou a reconstruir o comportamento físico do seu pai, lembrando-se exatamente do que seu pai havia feito, reconstruindo a linha lógica de suas ações físicas. Primeiro, F. tentou recordar seu comportamento físico nas devidas circunstâncias. Ele entrou em casa. Como caminhava? Era pesado. Em que sentido ele era pesado? Para onde olhava? Olhava para o chão. Por que ele olhava para o chão? Onde o peso estava localizado em seu corpo? Qual era a canção que ele cantava? E por que essa canção? De que maneira ele cantava? Em qual ressonador corporal sua voz estava localizada, e por quê? Por que ele ficou bêbado?

F., na "Acting proposition" que fez baseada na memória do seu pai, estava construindo a verdadeira linha de comportamento físico enquanto se lembrava exatamente do que seu pai tinha feito. Ele abordou a descoberta dos desejos secretos do seu pai, já que as ações físicas verdadeiras estão sempre relacionadas aos desejos e às vontades. No trabalho de F., comecei a ver seu pai. Eu não via F. "interpretando" seu pai, mas, ao contrário, eu o via executando as ações do seu pai, simplesmente. Através dele, comecei a ver outra pessoa: F. ainda estava lá, no entanto era como se outra pessoa tivesse chegado através dele.

5   Ibidem.

Não é a mesma coisa do trabalho de Stanislávski sobre o personagem. Stanislávski centralizou sua investigação sobre a *construção do personagem* dentro de uma história e nas circunstâncias dadas por um texto teatral. O ator perguntava a si mesmo: qual é a linha lógica de ações físicas que eu faria se estivesse nas circunstâncias *desse personagem*? No entanto, no trabalho de Grotowski – por exemplo, em seu trabalho com o Teatro Laboratório – os atores não *buscavam* os personagens. Os personagens, na verdade, apareciam na mente do espectador por causa da montagem (no espetáculo e no papel). Grotowski colocava esse aspecto em evidência várias vezes quando falava do trabalho de Ryszard Cieślak em *O Príncipe Constante*. Cieślak, basicamente, não trabalhou sobre o personagem da tragédia de Calderón, e sim sobre memórias pessoais relacionadas a um importante acontecimento de sua vida.

Nesse período do nosso trabalho com Grotowski, também criamos ações diretamente ligadas às nossas memórias pessoais. Através da atuação, você podia se lembrar de um momento da sua vida, ou de alguém próximo a você, ou de um acontecimento concreto da própria fantasia que nunca tinha se realizado, mas que você sempre quis que se realizasse. Então, podia começar a construir a estrutura utilizando as ações físicas. Você se perguntava: o que eu fiz nas circunstâncias dessa memória? Ou então: qual seria precisamente a minha linha de comportamento físico se essa fantasia tivesse se realizado de fato? A ênfase não estava na criação de um personagem, e sim na formação de uma estrutura pessoal na qual a pessoa que a estivesse fazendo pudesse abordar um eixo de descoberta. Tudo isso, depois, devia ser estruturado e repetível.

No trabalho com Grotowski em Irvine, e depois na Itália, não estávamos buscando nem o personagem nem o *não personagem*. Grotowski descreve um aspecto do nosso trabalho da seguinte forma:

Um dos acessos à via criativa consiste em descobrir em si mesmo uma corporalidade à qual você está ligado por uma forte relação ancestral. Então não se está nem na personagem nem na não personagem. A partir dos detalhes, é possível descobrir em si mesmo uma outra pessoa – o avô, a mãe. Uma fotografia, a recordação das rugas, o eco distante de uma cor da voz permite reconstruir

NO WORKCENTER OF JERZY GROTOWSKI   89

uma corporalidade. Primeiro, a corporalidade de alguém conhecido, e depois, mais e mais distante, a corporalidade de um desconhecido, do antepassado. Será que essa corporalidade é literalmente como era antes? Talvez não seja literalmente como era – mas pelo menos como poderia ter sido. Você pode chegar muito atrás no tempo, como se a sua memória despertasse. Esse é um fenômeno de reminiscência, como se alguém se lembrasse do *Performer* do ritual primário. Cada vez que eu descubro alguma coisa, tenho a sensação de que é algo que recordo. As descobertas estão atrás de nós e é preciso fazer uma viagem de volta para alcançá-las.

Abrindo caminho – como no retorno de um exílio – será que é possível tocar alguma coisa que não está mais ligada às origens, mas – se me atrevo a dizer – à origem?[6]

Com Stanislávski, o "método das ações físicas" era um meio para que seus atores criassem "uma vida real", uma vida "realista" no espetáculo. Mas para Grotowski, o trabalho sobre as ações físicas era um instrumento para encontrar "algo" e, quem o fazia, podia viver ali uma descoberta pessoal. Para ambos, tanto Stanislávski como Grotowski, as ações físicas eram um meio, mas seus fins eram diferentes.

Após as seleções iniciais, decidimos escolher um grupo provisório e conduzir um workshop com ele por um período mais longo, antes de tomar a decisão final sobre quem ficaria no grupo. Nesse workshop, comecei a trabalhar uma "Acting proposition" com um jovem, B., que mais tarde se tornaria um membro-chave no grupo que dirijo atualmente, o "Downstairs Group".

B. tentou fazer uma "Acting proposition" na qual cantava uma velha canção italiana. Quando o texto da canção falava de uma vaca, B. fazia uma vaca com seu corpo. Quando a canção falava da lua, B. olhava na direção da lua. Ele estava cometendo o erro de ilustrar a canção. Sua "Acting proposition" havia se tornado uma série de indicações que copiavam o que a canção dizia. Assim, a proposta nunca funcionaria. Ficou branco no branco, sem nenhum contraste.

---

6   Jerzy Grotowski, Performer, em *Centro di Lavoro di Jerzy Grotowski*, publicado pelo Centro per la Sperimentazione e la Ricerca Teatrale, Pontedera, Itália, 1988, p. 39-40.

Trabalhei com B. ocupando aquela que podia ser considerada a posição do diretor, ajudando-o de fora. Perguntei-lhe sobre suas memórias pessoais relacionadas a essa canção, e ele disse que a tinha cantado quando era criança. Perguntei-lhe onde e em que circunstâncias. Começamos a construir sua "Acting proposition" em torno de uma memória de infância de quando ele tinha sete anos. Uma das primeiras coisas sobre as quais falamos foi sobre seus sapatos. Ele tinha que descobrir a fisicalidade de uma criança de sete anos, e pareceu importante que encontrasse o sapato certo. Tinha que ficar um pouco grande nele. Ele sentiu que esse sapato devia ajudá-lo a redescobrir seu particular modo de caminhar de quando era criança. Assim que encontrou o sapato, começou a experimentar, buscando suas diferentes maneiras de caminhar. Ele tinha entrado numa brincadeira de recordações. Eu anotava tudo o que ele fazia. Prestava atenção para reparar nos instantes em que alguma coisa sutil havia mudado nele. A partir do momento em que seu corpo se lembrou realmente de sua caminhada de criança, vi que algo nele reagiu: ele tinha ficado mais leve, mais jovem, parecia uma criança brincando. E foi assim que capturamos e estruturamos suas maneiras de caminhar. Tivemos que elaborá-las tecnicamente até que seu corpo as tivesse memorizado. Depois ele se lembrou do momento em que havia cantado essa canção quando criança, estava brincando sozinho num celeiro. Pedi que recordasse e recriasse seu modo de brincar. Ele fez uma improvisação para lembrar fisicamente as brincadeiras que costumava fazer. Anotei aquelas que tinham um efeito particularmente forte sobre ele: em uma delas, ele cantou a canção dentro de um tubo usado para o trigo, para que fizesse eco; em outra, entrou de modo especial no celeiro, que para ele era um lugar mágico. Descobriu uma caixa cheia de objetos velhos. Ficou rodando no salto do seu sapato, o que permitia que enfiasse o dedo numa substância desconhecida.

Trabalhei com B. até que ele encontrasse a linha de ações que parecia ter mais efeito sobre ele. A partir dessas brincadeiras e dessas descobertas em seu lugar mágico, criamos um pequeno fragmento, sua "Acting proposition". Trabalhamos nela durante algum tempo, e eu fiquei feliz porque encontramos o modo de estruturar não atividades, mas ações. Havíamos construído sua linha de ações físicas em torno de uma memória de infância específica.

Grotowski viu esse trabalho como algo positivo, mas finalmente disse que tínhamos alcançado o ponto mais alto possível com esse material. Então paramos de trabalhar nessa proposta e partimos para outras. Essa "Acting proposition", no entanto, representou um passo adiante para B. e para mim na compreensão do trabalho sobre as ações físicas. B. teve a possibilidade prática de ver que trabalhar com as ações físicas não significa ilustrar as atividades citadas em uma canção, e eu comecei a ver como uma *linha* de ações podia ser construída ligando várias pequenas séries de ações físicas já encontradas antes, para criar uma montagem compreensível e simples que podia oferecer, a quem a executa, uma certa potencialidade de descoberta.

Nesse primeiro workshop tínhamos trabalhado com uma atriz sobre quem Grotowski disse: "Ela já entende as ações físicas". Após ter visto uma de suas "Acting propositions", Grotowski me disse que ela dominava o ofício: essa atriz havia estruturado sua linha de ações físicas de forma tão clara que ele podia seguir cada uma das suas associações. Naquela época eu não tinha ficado tão impressionado com sua "Acting proposition", pareceu-me simples demais. Grotowski aparentava ter ficado impressionado com sua clareza e capacidade de composição. Essa jovem era dotada no campo da composição.

Cheguei ao ponto da minha narração em que devo falar um pouco sobre os diferentes tipos de atores e sobre as diferentes maneiras em que as ações físicas podem funcionar para eles.

Quando encontrei essa jovem, comecei a ver que existem diferentes tipos de atores. Há um tipo de ator, como ela, que está mais centrado na mente, como se habitasse fortemente sua mente lógica. Na maioria das vezes, esse tipo de ator irá trabalhar bem com as ações físicas quando seu *primeiro passo* consiste em construir a proposta. Ele aborda a atuação a partir da mente lógica, primeiro se perguntando o que fez, ou faria, nas circunstâncias dadas. Normalmente constrói uma partitura e memoriza a sequência lógica das ações antes mesmo de fazer qualquer ação física. O perigo para esse tipo de ator é que às vezes a sua arte, apesar de ser lógica, permanece fria e nunca toca o coração; ainda que não haja dúvida de que existem atores desse tipo que alcançam um nível muito alto em sua arte.

Outro tipo de ator é aquele que não tem sua linha de ações físicas indicada, primeiro, pela mente. Quando a linha de ações se constitui, ela é, mais do que qualquer outra coisa, uma série de minúsculos impulsos orgânicos que vêm do interior do corpo. O corpo irá ditar a sequência de ações como algo que ele tem a necessidade de fazer, algo que ele faz de modo profundamente natural. Esse tipo de ator é mais centrado na organicidade. E se a mente dessa pessoa aprende a ser passiva da maneira certa, então o fluxo dos seus impulsos corporais a levará para um processo profundo. Com esse tipo de ator, a estrutura deve ser modelada depois. Só *após* o nascimento de sua linha de ações é que sua mente irá compreender o que sua memória era na realidade. Nesse caso, primeiro o corpo se lembra, e depois a mente diz: "Ah, era isso que eu estava fazendo naquele momento"; mas antes o corpo se lembrou. Em seguida, essa corrente de impulsos deve estar ligada à corrente de associações que já foi capturada. O perigo para esse tipo de ator é continuar sendo um diletante, e apesar de seu trabalho ser quente e espontâneo no momento da improvisação, ele nunca irá dominar a habilidade para trabalhar dentro de uma estrutura precisa e para repetir uma sequência de ações com total exatidão.

Nesses dois exemplos de diferentes tipos de ator, chega-se a uma partitura lógica de ações físicas, mas o modo de chegar até ela e os perigos ao longo do caminho são diferentes. Na verdade, em um nível mais alto, o ator que está mais centrado na mente chega à organicidade através da composição, e o ator que está mais centrado no corpo chega à composição através da organicidade; os dois passam pelo trabalho sobre as ações físicas.

Essas são apenas duas das possibilidades; é claro que existem muitas outras.

Um perigo para todo tipo de ator é que as ações, depois de estruturadas, "morram", e que tudo aquilo que um dia foi considerado ação física se torne um movimento ou um gesto vazio. Esse é o maior dos perigos, e é necessário lutar contra ele ativamente ao longo do caminho. As pessoas devem se lembrar: o que eu estava fazendo e para quem? Ou então, por quem? Esse *por quem* ou *para quem* é a chave.

NO WORKCENTER OF JERZY GROTOWSKI

Quando uma linha de ações físicas "morre", uma das causas possíveis é que o ator tenha se esquecido do contato com seu parceiro. Após muitas repetições, o ator já tem certeza do que seu parceiro irá fazer, então não presta mais atenção nele. Simplesmente repete sua partitura às cegas, e suas ações perdem a vida que tinham no início. Esse problema pode ser superado se o ator lembra de que forma estava tentando influenciar o parceiro. Todo dia seu parceiro será um pouco diferente, e se de fato você estiver prestando atenção nele, cada vez terá que se adaptar à sua maneira de fazer, que é sempre levemente diferente, sem romper com sua própria linha de ações físicas. É dessa adaptação sutil que surge a vida fresca de um determinado momento de uma ação. Essa é a estratégia *principal*, disse Grotowski, para impedir que uma linha de ações caia no "geral". O tempo todo temos que *manter o contato com nosso parceiro*.

Essa adaptação ao parceiro dentro de uma linha fixa de ações é o que Grotowski e Stanislávski consideravam a verdadeira espontaneidade. Uma espontaneidade de alto nível pode ser alcançada *apenas em um fragmento que está estruturado*. Então, a essa altura, os atores podem encontrar liberdade dentro da sua estrutura, liberdade não para mudar sua linha de ações, mas para se adaptar levemente enquanto um reage ao outro (e a tudo o que está ao redor), sempre mantendo as mesmas intenções e a mesma *linha de ações*. Essa é uma espécie de improvisação sutil na qual a estrutura está toda amarrada e, é claro, perfeitamente memorizada. Grotowski afirmou: "A espontaneidade é impossível sem estrutura. O rigor é necessário para se ter a espontaneidade"[7]. Ele continuou: "De acordo com Stanislávski: somente as ações que são completamente absorvidas (aprendidas, memorizadas) podem ser livres. [...] Aqui está a regra: 'O que fazer depois?' – é a paralisia. '*O que fazer depois?*' essa é a pergunta que torna qualquer espontaneidade impossível"[8].

Quando vi aquela jovem trabalhar, me dei conta de que havia diferentes tipos de ator. Ela tinha uma abordagem e eu tinha outra. Para trabalhar com ela não bastava que eu repetisse o modo com que tinha trabalhado sozinho, assim como não bastava ver meu próprio processo nela. É como se ela fosse

---

7   Jerzy Grotowski, conferência em Santarcangelo, Itália, op. cit.
8   Ibidem.

um animal completamente diferente que demandava uma estratégia completamente diferente. Grotowski tinha consciência disso e parabenizou-a por sua qualidade especial. Ela possuía exatamente o que nós, assistentes, não possuíamos: a técnica da composição. Grotowski disse que entre todos nós que trabalhávamos com ele no Workcenter, essa atriz era a única pessoa que sabia como estruturar um fragmento, e sugeriu que nós, os assistentes, roubássemos o segredo dela.

Um ano depois, em 1987, durante uma conferência realizada em Florença sobre o Workcenter of Jerzy Grotowski, Peter Brook disse:

... o homem que sonha com um papel na vida, *tornar-se ator*, pode, de forma perfeitamente natural, sentir que seu dever é ir direto para o mundo do teatro. Mas ele também pode sentir outra coisa, pode sentir que todo esse dom, todo esse amor, é uma abertura para outra compreensão; e sentir que só pode encontrar essa compreensão através de um trabalho pessoal com um mestre..."[9].

Quando se tratou de aceitar ou não essa atriz, Grotowski disse que ela *não deveria ser aceita*, e usou um argumento parecido com aquele que surgiu nas palavras de Peter Brook que acabaram de ser citadas. Essa atriz, disse Grotowski, não está destinada a buscar descobertas interiores através da atuação, e sim a ir imediatamente para o grande mundo do teatro, com as luzes brilhantes do palco e da vida ao seu redor. Ficar conosco, ele disse, não seria bom nem para nós nem para ela.

---

9 Peter Brook, Grotowski, Art as a Vehicle, em *Centro di Lavoro di Jerzy Grotowski*, publicado pelo Centro per la Sperimentazione e la Ricerca Teatrale, Pontedera, Itália, 1988, p. 34-35 (Grifo meu).

Fases Iniciais

Naquele momento, tínhamos terminado as seleções ainda que no futuro fôssemos conduzir outras praticamente a cada ano. Começamos então a trabalhar com um grupo provisoriamente estável, sem pressa para ver quem eram realmente as pessoas certas para esse trabalho.

Durante esse período, na tentativa de roubar a capacidade de composição dessa atriz, estruturei um fragmento de modo completamente diferente. Tentei usar uma técnica de composição parecida com aquela da música ocidental. A proposta de Grotowski era criar uma "tempestade de sintomas humanos". Eu não sabia exatamente o que eram "sintomas". Só sabia que naquele momento não tínhamos que buscar ações físicas, mas algo diferente. Após várias tentativas e erros, os "sintomas" resultaram ser sons pessoais e distintos de reações humanas. Quando funcionavam, esses "sintomas" estavam sempre relacionados a uma memória viva da pessoa que os reproduzia. Por exemplo, a pessoa havia se lembrado de ter ouvido o riso martelante de um amigo, ou o som de um doente que estava muito próximo, ou o som que alguém fez quando morreu, ou o de outra pessoa em resposta a essa morte. Eu devia estruturar uma partitura com todos esses "sintomas", na qual parecesse que eles vinham de longe, depois aos pouquinhos deviam ir ficando cada vez mais intensos, até culminar em cima de nós, e então desaparecer: como uma tempestade que chega, explode e vai embora.

Primeiro trabalhei com cinco atores, um por um. Cada um tinha que descobrir alguns "sintomas" pessoais. Ações não! O processo corporal sempre era a chave para a reprodução viva do som. Geralmente um ator tinha um modo específico de se mover que o ajudaria a redescobrir o som. Quando todos os "sintomas" já tivessem sido encontrados e em seguida aprovados por Grotowski, eu trabalhava como um compositor musical, orquestrando-os em uma partitura para parecer que estavam lentamente chegando de longe, culminando em cima de nós e depois se afastando. Escrevi uma partitura complicada na qual os "sintomas" se sobrepunham uns aos outros. Em seguida ensinei a partitura aos atores, de modo que soubessem exatamente quando entrar com cada "sintoma". No final, se tudo funcionasse, ia surgir uma tempestade com "sintomas" humanos distintos. Evitávamos sintomas banais tais como o som de coçar ou de arrotar, mas buscávamos sons específicos que as pessoas podiam recordar de forma diferente. Na maioria das vezes, era importante que o ator se lembrasse não apenas do som exato e da sua entonação, mas também do momento em que este se manifestou: em outras palavras, sua memória exata. Também ajudava ao ator se lembrar das reações do corpo que desencadearam esse som.

Normalmente o "sintoma" não ficava vivo por muito tempo, pois perdia sua especificidade. Então tínhamos que lutar contra o ataque do "geral". Eu fazia com que o ator se lembrasse de sua memória, e buscava o modo em que pudesse recordar o processo que o levou a produzir o "sintoma". Mas às vezes isso não funcionava. Nesses casos, Grotowski sempre mostrava que estava faltando o "élan" original.

"Élan", "elã": compreendi mais sobre o significado dessa palavra pela maneira de Grotowski pronunciá-la do que através de qualquer explicação verbal. Quando Grotowski dizia "élan", a palavra possuía uma qualidade de vibração vocal muito específica que era a sua própria definição. Começava com um forte ataque (que não era alto de volume), depois, mais ou menos no meio da palavra, era possível sentir um aumento de ímpeto, uma espécie de explosão interna, e aí ela terminava praticamente com um rosnado. Agora mesmo, para testar se estava descrevendo com precisão a maneira de Grotowski pronunciar essa palavra, eu a pronunciei sozinho, tentando recriar sua vibração vocal, e o cachorro que estava no quintal, ainda que a uns trinta metros de distância, reagiu e começou a latir. Esse foi o efeito do elã.

O elã era algo que você devia utilizar para entrar na sua linha de ações físicas. Por exemplo, quando uma ação aparecia pela primeira vez, o elã estava pleno porque a ação fluía com a força e o entusiasmo da descoberta. No entanto, após repetir essa ação por um tempo, ela podia perder alguma coisa. Nessa hora, eu podia cometer o erro de pensar em intensidade emocional. Mas não! Esse teria sido um grande erro. Quando Grotowski trabalhava sobre uma ação que chegava a uma fase descendente, na maioria das vezes ele nos ajudava a encontrar novamente o elã original da linha de ações. Às vezes era isso o que estava faltando. Se esse elã pudesse ser encontrado de novo, normalmente tudo voltaria ao seu lugar, e a linha de ações começaria a fluir com sua força original.

Recordo que um dia Grotowski trabalhou pessoalmente com uma atriz francesa, N., que estava participando de uma seleção. Normalmente, nas seleções, ele não trabalhava pessoalmente com os candidatos, mas dessa vez ele fez isso. Acho que viu nessa atriz alguma forte possibilidade e, de fato, ela acabou se tornando um importante membro do nosso grupo. Rapidamente ele tentou fazer com que ela estruturasse e mantivesse com precisão uma linha de pequenas ações que havia improvisado. Foi uma batalha: N. resistiu dizendo que não conseguia entender o francês do Grotowski. Grotowski disse que o problema não estava no francês dele, e mudou imediatamente de língua, dando-lhe então todas as indicações em polonês, uma língua que ela não podia entender de forma alguma! Fiquei chocado. Havia um tal elã por trás de seu modo de falar em polonês, e uma tal falta de hesitação, que ela não tinha outra escolha a não ser entender. Ela começou a lutar para executar imediatamente todas as indicações dele. A sessão continuou muito melhor que antes, ainda que Grotowski continuasse dando suas indicações apenas em polonês. O elã era, sem dúvida, a chave.

Tínhamos praticamente terminado o trabalho sobre "a tempestade de sintomas" e ela tinha dado resultados interessantes. Eu havia tentado roubar aquele modo de trabalhar que começava pela construção. Grotowski disse que a tarefa tinha sido cumprida, e, depois de tudo, nos conduziu para outro trabalho.

Grotowski pediu que criássemos "Acting propositions" em torno de fragmentos do mesmo texto antigo que havia sido trabalhado em Irvine. Escolhi um fragmento do texto, e a primeira coisa que fiz foi compor o canto que, dessa vez, pareceu vir de forma surpreendentemente fácil. Fiquei tão entusiasmado com a melodia que, naquela noite, durante o ensaio, sozinho numa sala, cantei várias vezes sem parar. Grotowski tinha ficado me escutando de outra sala, e em seguida fez um comentário muito importante para mim sobre *cantar mecanicamente*. Ele disse que no começo, à medida que eu cantava o canto, quando ainda estava inseguro sobre sua melodia, minha maneira de cantar era muito viva, modesta e viva porque havia uma ação verdadeira: eu estava *buscando* o canto. Mas no momento em que achei que já conhecia o canto, comecei a cantar *como se o conhecesse*, e aí não havia mais ação, apenas repetição mecânica. Então o canto estava morto, não funcionava mais. Como eu achava que conhecia o canto, não estava mais envolvido em uma busca viva.

"Sim", eu disse. "O que você diz é verdade, mas a busca estava viva no começo porque eu estava realmente no processo de criação da melodia; só que agora eu já conheço a melodia, a busca terminou". Grotowski me disse que havia uma maneira de cantar na qual a busca nunca morre: "Ainda que você conheça a melodia de cor e não a altere, deve sempre aproximar-se dela como de um amigo que você nunca chega a conhecer totalmente: um outro ser. Você se dirige ao canto e pede que lhe revele seus segredos. Mesmo que você conheça a melodia de cor, sempre deverá existir uma busca, como se você tentasse ir ao encontro de alguém. Não trate o canto como se você já o conhecesse".

Lembro-me de outra situação em que Grotowski falou de um fenômeno parecido: encontramos alguém que se torna nosso amigo, e pensamos que o conhecemos. Depois de um tempo de amizade não o *vemos* mais, apenas olhamos para ele; todo dia ele está diante de nós, mas não conseguimos mais vê-lo de verdade. Isso acontece porque *pensamos* que já o conhecemos. Já que não estamos mais vendo, nosso contato com essa pessoa se torna mecânico. "Mas olhe para o seu amigo e veja, agora. Não é só o rosto dele que é um rosto diferente a cada dia, mas ele, ele mesmo, se torna uma pessoa um pouco diferente a cada dia".

Grotowski estava pedindo que eu buscasse o canto como se ele fosse alguém que eu não conhecesse, ou alguém que ainda estivesse conhecendo. Assim, durante o canto, haveria uma busca ativa, que impediria a repetição mecânica. E foi aí que eu compreendi Grotowski, e tive muito mais cuidado ao me aproximar desse canto.

Naqueles dias tive um sonho importante no qual brincava na casa onde morei quando era criança. Decidi estruturar minha "Acting proposition" em torno desse sonho. Construí a linha das ações a partir do sonho e as memorizei. Decidi em que sequências de ações físicas o canto devia aparecer. Após memorizar a linha de ações, comecei logo a trabalhar fisicamente para não perder o processo do sonho que ainda estava fresco na minha memória.

Aperfeiçoei a estrutura de uma nova maneira, que para mim tornou-se bastante natural: eu não parava mais, repetia a estrutura uma vez após a outra, certas vezes mudando alguma coisa, outras colocando uma das ações num lugar diferente; eu trabalhava num fluxo contínuo, tentando deixar que o corpo recordasse a linha do sonho. Como via que alguns elementos do sonho eram mais importantes que outros, eu tentava tudo outra vez, na mesma hora, eliminando uma pequena ação, mudando a ordem das pequenas ações ou – inclusive – das associações, para ver o que funcionava melhor. Eliminando aos poucos todo o material irrelevante, cheguei à versão final.

Enquanto eu estava fazendo esse trabalho, algo especial aconteceu. Meu colega B. estava trabalhando no mesmo espaço em *sua* "Acting proposition". Não só eu tinha que trabalhar e executar minhas próprias ações, mas ao mesmo tempo eu tinha que estar consciente de quando B. queria cantar, e dar-lhe espaço. Eu não devia mudar minha melodia, mas escolher meu tom para que meu canto ficasse em natural harmonia com o dele. Como estávamos trabalhando nossas respectivas "Acting propositions" dentro da mesma sala, entre nós foi criada uma atenção forte e recíproca. Ele me dava espaço em todos os momentos certos, e eu fazia o mesmo com ele. Era como se outra atenção tivesse sido despertada em mim, que tomava cuidado para se adaptar a B. e não incomodá-lo. Comecei a sentir como se estivesse voando; nossos sons, juntos, produziam uma harmonia extraordinária. Com minha atenção principal voltada para minha própria linha de ações físicas e para meu canto, e minha atenção secundária voltada para B., no decorrer desse longo fluxo de trabalho surgiu uma sensação inacreditavelmente leve de repouso, ainda que minha estrutura fosse bastante dinâmica. A adaptação se dava em um nível muito alto: eu sentia que B. precisava de um pouco mais de silêncio em certo momento, e como eu não podia interromper meu fluxo de ações físicas, eu desacelerava de leve para dar a ele o tempo que lhe faltava.

Esse nível de coordenação era novo para mim. Exigia uma atenção bastante leve e ágil. Uma coordenação desse tipo não era frequente nessa fase do nosso trabalho, mas quando acontecia, deixava uma sensação incomum de paz interior.

Outro ator, P., entrou no grupo. No começo ajudei-o a elaborar uma "Acting proposition", de modo que tanto eu quanto ele tivéssemos a chance de trabalhar sobre as ações físicas. Esse trabalho com P. revelou-se eficaz e difícil ao mesmo tempo. P. era diletante de um modo particular: o que ele fazia numa improvisação ia maravilhar você e abrir seu coração, sua presença era inacreditavelmente leve e viva. Mas no momento em que tentava estruturar sua improvisação numa "Acting proposition", a vida desaparecia.

Uma vez, recordo que P. começou a improvisar, e foi extraordinário, eu simplesmente ria e ria. Estava fazendo um velho que ele tinha visto em sua aldeia tocando acordeão. P. não tocava acordeão, mas cantava a música do acordeão e lembrava a maneira com a qual o corpo do velho ficava em contato com o instrumento. Quando vi essa proposta pela primeira vez, era tão leve! Eu realmente vi o velho brilhando através dele. Em seguida, quando lhe pedi para repetir, sua linha de ações tornou-se imediatamente mecânica. Ele cantava a mesma melodia do acordeão, mas agora a canção não soava como antes. Tudo tinha se tornado mais "geral". Quando a linha de ações tinha sido feita pela primeira vez era rica e específica, mas quando ele tentou repeti-la, a especificidade havia evaporado.

Estávamos diante das nossas fragilidades humanas comuns: o declínio causado pela preguiça interior. A primeira improvisação foi feita sem esforço, P. foi levado pelo primeiro impacto da memória. Mas quando tentou repetir, a preguiça o puxou pra baixo e tornou suas ações cada vez mais gerais. Esse fenômeno só pode ser combatido com esforços persistentes. Para dominar a fundo qualquer ofício, a pessoa tem que desenvolver a capacidade de superar e vencer sua preguiça interior. P. repetia a "Acting proposition", e no lugar das seis pequenas ações de antes, agora só havia uma, ampliada e mais "geral". Inicialmente a canção tinha sido cantada com vários picos e vales, como ondas internas, mas agora não havia nada, a qualidade vibratória tinha se tornado mais achatada.

Grotowski me disse que Stanislávski, ao analisar esse perigo, se deu conta de que no momento em que um ator conhece muito bem uma partitura de ações físicas, para evitar que ela entre em declínio, deve dividi-la em ações cada vez menores à medida que o tempo passa. Ao invés de deixar que ela se simplifique, que se torne mais geral, ele deve trabalhar na direção oposta: a linha de ações deve se tornar mais detalhada. Quanto mais um ator repete a linha de ações físicas, mais ele deve dividir cada ação em ações menores; cada ação deve se tornar mais complexa. Isso não quer dizer que o ator deva mudar sua linha de ações, mas, ao contrário, ele deve descobrir os elementos menores que estão dentro da mesma linha de ações, de modo que a linha de ações original se torne mais detalhada.

Grotowski fez uma demonstração. Ele disse:

Se no começo, por exemplo, minha ação é esperar o telefone tocar, então, depois de algumas repetições, devo dividir essa ação em duas ações: a primeira, inclinar-me na direção do telefone esperando que toque; a segunda, ter um leve impulso na direção do telefone porque ouvi um barulho vindo de fora e achei que fosse ele começando a tocar. A ação original de esperar o telefone tocar ainda está presente, mas ao invés de ser uma única ação, como no início, agora ela foi dividida em duas ações. O que antes era uma única ação agora tornou-se duas, mais detalhadas, mas a ação ainda é esperar o telefone tocar. E então, após a repetição dessa partitura mais detalhada, antes que ela comece a declinar, o ator deve encontrar detalhes cada vez menores dentro da mesma linha original de ações e, em seguida, detalhes ainda menores, e por aí vai. Dessa maneira, fazendo com que a mesma linha de ações seja mais detalhada, mais rica de pequenos elementos, o ator pode combater o declínio, que é o adversário inevitável com o qual ele se confronta quando está fazendo o mesmo espetáculo durante um ano, dois anos ou mais.

Tivemos que trabalhar para reconstruir os elementos da "Acting proposition" de P. assim como eles surgiram no início, e depois buscar detalhes cada vez menores. Fizemos perguntas. Como, exatamente, o velho segurava seu acordeão? Quais eram os impulsos dele quando tocava? Qual era a "dança" precisa do seu corpo? Quando P. desse início a uma busca ativa para recordar os elementos, suas ações voltariam a ser vivas imediatamente. Essa é a chave: ele estava comprometido com uma busca, estava combatendo, estava procurando, tentando se lembrar, perguntando como tinha sido. Era assim? Aí então minha atenção como espectador se dirigia na mesma hora para ele, porque eu via que estava *fazendo* alguma coisa de modo verdadeiro e simples.

Muitas vezes eu lembrava a ele, de fora, como tinha feito certos elementos no início. O perigo de trabalhar dessa maneira é que eu fazia com que ele lembrasse a forma exterior: isso o levava a fixar sua "Acting proposition" em formas, e não em ações. Mas uma estratégia desse tipo também o levava a *recordar* a linha inicial das ações. Por exemplo, digo a ele que seu braço está dobrado num ângulo levemente diferente; no momento em que lhe digo isso, tenho consciência de que o faço na esperança de que seu corpo comece a recordar sozinho o que estava fazendo originalmente. Indico a forma como ponto de partida para que o corpo lembre. É possível que essa estratégia funcione em algumas situações específicas, e em outras não. Muitas vezes Grotowski ressaltou o fato de que *não existe um método*, só existe o que funciona e o que não funciona em cada caso individual. Se uma estratégia não estivesse funcionando, não devíamos nos agarrar a ela como se fôssemos beatos fanáticos, tínhamos que mudá-la para encontrar o que iria funcionar.

Esse tipo de informação sobre a posição do corpo, apesar de ser perigosa, funcionou para P.; mas isso só aconteceu porque seu corpo, encontrando sua posição esquecida, estava então no caminho para recordar como havia reagido originalmente. Muitas vezes um artista vai substituir sua linha de ações inicial por uma forma superficial na tentativa de remover o desconforto. De fora, você vê que ele mudou uma posição do corpo que estava difícil. No início, quando a linha de ações era completamente articulada, em seu nível mais alto, seu corpo estava na posição original, que era mais difícil. Então ele tinha que eliminar a posição errada, a posição *mais fácil* para o corpo.

Eu gostaria de ressaltar que indicar a forma exterior para alguém pode funcionar, e se funciona a indicação é útil. Mas é preciso prestar atenção: para o ator que tem a tendência a fazer gestos (quer dizer, um ator que facilmente perde a intenção original), esse tipo de indicação pode ser desastrosa. Dirigindo sua mente para a forma, você simplesmente o empurra para a sua fraqueza: ele já está formalizando o trabalho. Grotowski afirma: "A coisa fundamental, me parece, é sempre preceder a forma daquilo que a precede, é manter o processo que conduz até a forma"[1].

Esse princípio estava presente em todos os aspectos do nosso trabalho: tínhamos que *chegar* a uma forma – ela está relacionada à estrutura e é necessária –, só que existe uma chegada, um processo vivo que não pode ser perdido. Na realidade, em um nível mais alto, forma e processo não são dois, e sim um: quando o processo é vivido em sua totalidade, a forma também é evidente. Mas em aparência, e até certo ponto também na prática, podemos falar de dois aspectos: através do processo se chega a uma forma articulada. Sem um processo vivo, só existe estética; e um processo vivo que não chega a uma forma articulada é uma "sopa".

Mas P., como ator, não corria muito perigo de perder sua intenção. Para ele o perigo era o oposto, aquele de perder a

---

1   Jerzy Grotowski, C'était une sorte de volcan, op. cit., p.102.

forma. Sendo assim, com bastante frequência, eu tinha que indicar ao corpo dele a sua posição original. Muitas vezes, a lembrança da forma à qual uma ação física tinha chegado o ajudava a lembrar, com mais precisão ainda, a ação física original.

Em um determinado momento de sua "Acting proposition", P. aproximou-se de um rio e começou a atravessar sua correnteza com dificuldade. Aqui, mais uma vez, sua improvisação foi clara e viva: eu podia ver o rio e sentir sua água fria. Mas na medida em que ele repetia sua linha de ações, esse momento declinava para uma pseudoespontaneidade. Tivemos que gastar muito tempo trabalhando os detalhes, perguntando para nós mesmos: "Como foi que você tocou a água? Seu corpo estava curvado? De que forma? Não, acho que não, antes tinha sido um pouco diferente. Qual foi sua reação física quando seu pé tocou na água fria? Não, não acredito em você. Está exagerando... como foi isso na verdade? Mais uma vez. Qual é a largura do rio? E a profundidade? Você dobrou um pouco sua calça comprida antes de entrar no rio? Ah, você dobrou. Como?" O trabalho sobre todos esses detalhes é absolutamente essencial, e somente através dele é possível chegar a um resultado que é completamente finalizado. O ator nunca pode parar de se fazer esse tipo de pergunta. No momento em que P. pensava: "Ah, agora eu sei como fiz isso", ele se tornava mecânico na mesma hora. Alguma coisa adormecia em seu modo de fazer, em sua atenção, e eu, como testemunha, não tinha mais vontade de olhar para ele.

Esse trabalho sobre os detalhes me cansava terrivelmente. Muitas vezes eu sentia como se uma onda de sono me empurrasse pra baixo. É preciso combater isso custe o que custar, senão – como diretor – você acaba simplesmente se deixando levar por *sua própria* preguiça, que realmente não quer que você complete coisa nenhuma: ela prefere que você vá fazer alguma outra coisa que seja mais fácil e que esteja "ao lado".

Eu repetia com P. a sua "Acting proposition" várias e várias vezes, lutando para que sua busca por detalhes articulados continuasse viva. Para mim, "busca por detalhes articulados" não significa improvisar novos detalhes a cada vez, e sim manter viva a busca por detalhes ainda menores. Em sua "Acting proposition", P. não devia simplesmente repetir algo que já soubesse, mas a

FASES INICIAIS

cada vez ele devia se lembrar de como o acordeão estava cantando, de como o velho estava se movendo: "Era assim, exatamente? Não. Era mais assim? Ah, ok, é isso! Agora, a vibração da voz... como foi isso? Não, um pouco mais... assim. É isso!" De modo que cada pequeno elemento da sua "Acting proposition" fosse uma investigação viva, e não somente uma repetição morta.

Através desse trabalho com P., comecei a reparar na sutil diferença entre as ações físicas que estão vivas e as ações físicas que já escorregaram numa repetição mecânica. P. progrediu muito em sua luta consciente contra o declínio para o "geral". Grotowski havia falado com P. sobre o envelhecimento, dizendo que ele estava no último período da sua vida em que ainda podia adiar o envelhecimento através de um treinamento físico intenso. O treinamento orgânico era o único meio, porque P. estava a ponto de se tornar fisicamente velho. A partir desse momento, algo na estratégia de P. mudou, e através da sua nova luta suas capacidades aumentaram consideravelmente.

Por volta dessa época, fora o trabalho com o grupo, comecei a trabalhar na "Song *Action*" muito próximo de Grotowski, sozinho. Trabalhei a sós com ele nessa "Song *Action*" por aproximadamente um ano, antes que outros fossem escolhidos para se juntarem a mim. Na época em que eles entraram nessa "*Action*", minha partitura já estava completamente fixada. Nesse trabalho com a "Song *Action*", Grotowski estava tentando fazer com que eu redescobrisse o processo escondido no trabalho com os antigos cantos afro-caribenhos e africanos. Isso não estava mais no nível das ações realistas da "vida cotidiana".

O período que começou com os primeiros workshops do Grotowski, passando pelo ano no Objective Drama Program, incluindo a primeira fase no Workcenter of Jerzy Grotowski, pode ser visto como um bloco do meu trabalho. Depois disso, tudo o que aprendi nesse primeiro bloco continuou a ser utilizado, mas o trabalho em si entrou numa *fase completamente nova*, na qual todos os elementos principais mudaram. O trabalho desse novo bloco ainda está progredindo, e não é objeto desse texto.

Grotowski diante de Stanislávski: Os Impulsos

Agora eu gostaria de olhar para a diferença entre o "método das ações físicas" de Stanislávski e o trabalho de Grotowski sobre as ações físicas. Grotowski não utilizou simplesmente uma técnica criada por Stanislávski, a situação é bem mais complexa. Grotowski retomou as "ações físicas" a partir do ponto em que Stanislávski interrompeu o trabalho porque morreu. Um dia, enquanto falava a respeito de seu trabalho sobre as ações físicas, Grotowski me disse: "Não é exatamente o 'método das ações físicas' de Stanislávski, mas o que vem depois". É, na verdade, uma continuação.

Em seu trabalho, Grotowski redefine a noção de *organicidade*. Para Stanislávski, "organicidade" significava as leis naturais da vida "normal" que, através da estrutura e da composição, aparecem no palco e se tornam arte; enquanto para Grotowski, *organicidade* indica algo como a potencialidade de uma corrente de impulsos, uma corrente quase biológica que vem de "dentro" e que vai terminar numa ação precisa.

Com relação à questão do *impulso*, também há uma diferença entre Stanislávski e Grotowski. Em seu livro, *O Trabalho do Ator sobre seu Papel* (*Rabota Aktera nad Rol'ju*), no capítulo dedicado ao *Inspetor Geral* de Gogol, Stanislávski escreve sobre o impulso:

Agora eu repito todas as ações que estão marcadas nessas anotações e, para evitar estereótipos (já que, até agora, ainda não foram consolidadas em mim ações autênticas e produtivas), vou passar de uma tarefa para outra sem as executar fisicamente. No momento, vou me limitar a estimular e reforçar os impulsos que estão dentro da ação. Com relação às ações autênticas e produtivas, elas nascem sozinhas, a natureza vai tomar conta delas.

Arkadi Nikolaïevich tenta não se mover de jeito nenhum, mas se comunicar com os olhos e com a expressão facial[1].

Aqui parece que Stanislávski sugere que o trabalho sobre os impulsos está relacionado com "os olhos e a expressão facial": a *periferia* do corpo.

Entretanto, falando sobre os impulsos, Grotowski diz:

Antes de uma pequena ação física, existe um impulso. É aí que reside o segredo de algo que é muito difícil de aferrar, porque o impulso é uma reação que tem início dentro do corpo e que só é visível quando já se tornou uma pequena ação. O impulso é tão complexo que não é possível dizer que pertença somente à esfera corporal[2].

Em sua conferência de Liège (1986), Grotowski analisou a questão da seguinte forma:

E agora, o que é o impulso? "In/pulso" – empurrar de dentro. Os impulsos vêm antes das ações físicas, sempre. Os impulsos: é como se a ação física, ainda praticamente invisível de fora, já tivesse nascido no corpo. É isso, o impulso. Se vocês sabem disso, enquanto preparam um papel, podem trabalhar sozinhos sobre as ações físicas. Por exemplo, quando vocês estão em um ônibus, ou então, esperando no camarim antes de voltar ao palco. Quando vocês fazem cinema, perdem muito tempo esperando; os atores sempre esperam. Vocês podem utilizar todo esse tempo. Sem serem percebidos pelos outros, podem treinar as ações físicas, e tentar fazer uma composição de ações físicas *permanecendo no nível dos impulsos*. Isso significa que as ações físicas ainda não apareceram mas já estão no corpo, porque elas são "in/pulso". Por exemplo: em um fragmento do papel que estou fazendo em que estou sentado no banco de um jardim, uma pessoa está sentada ao meu lado, eu a olho. Agora, suponha

---

1 Konstantin S. Stanislavskij, *Il Lavoro dell'Attore sul Personaggio*, p. 217.
2 Jerzy Grotowski, C'était une sorte de volcan, op. cit., p. 99.

que eu esteja trabalhando sozinho nesse fragmento com uma parceira imaginária. Exteriormente – não estou olhando para ela, eu a imagino – faço apenas o ponto de partida: o impulso de olhá-la. Da mesma maneira, faço o próximo ponto de partida: o impulso de me inclinar, de tocar a mão dela [o que Grotowski está fazendo é praticamente imperceptível] – mas não deixo que isso apareça completamente como uma ação, só estou começando. Você está vendo, eu quase não me movo, porque é *apenas* a pulsão de tocar, mas não exteriorizo. Agora eu caminho, caminho... só que estou sempre na minha cadeira. É assim que se pode treinar as ações físicas. Além disso, suas ações físicas podem estar mais enraizadas em sua natureza se vocês treinam os impulsos, ainda mais que as ações. Pode-se dizer que a ação física praticamente já nasceu, mas ainda está contida, e desse modo, em nosso corpo, estamos "colocando" uma reação certa (assim como alguém "coloca a voz"). Antes da ação física, existe o impulso, que empurra de dentro do corpo, e podemos trabalhar em cima disso: podemos estar num ônibus público sem que ninguém note nada de estranho, e mesmo assim estamos lá nos exercitando. Na verdade, a ação física, se não parte de um impulso, torna-se algo convencional, assim como um gesto. Quando trabalhamos sobre os impulsos, tudo fica enraizado no corpo"[3].

O impulso, para Grotowski, é algo que empurra de "dentro" do corpo e se estende para fora em direção à periferia; algo muito sutil, que nasceu "dentro do corpo", e que não vem de um campo unicamente corporal.

A respeito dessa questão, Grotowski me disse que os impulsos são os morfemas da atuação. Quando o interrompi para perguntar o que era um morfema, ele me disse para olhar num dicionário. No entanto, continuou a explicar que um morfema é um pedaço de alguma coisa, um pedaço elementar. É como a medida de base de alguma coisa. E as medidas de base da atuação são os impulsos prolongados em ações.

No final da sua vida, Stanislávski tinha consciência da questão dos impulsos. Ele fala da possibilidade do ator "estimular e reforçar os impulsos que existem dentro da ação", mas ele os associava à periferia do corpo ("os olhos e a expressão facial"), o que está em contradição com as indicações de Grotowski. Do ponto de vista de Grotowski, o ator busca uma *corrente*

---

3 Jerzy Grotowski, conferência em Liège, Bélgica, op. cit.

essencial de vida; os impulsos estão enraizados *profundamente "dentro" do corpo* e depois se estendem para fora. O desenvolvimento desse trabalho sobre o impulso tem lógica se tivermos em mente que Grotowski busca os impulsos orgânicos em um corpo desbloqueado que se orienta para uma plenitude que *não* pertence à vida cotidiana.

Uma vez Grotowski me disse que existem indícios que apontam que Stanislávski viu o trabalho sobre o impulso como um campo para futuras investigações. Enquanto estudava em Moscou como um jovem diretor, Grotowski tinha ouvido falar de um exercício em que Stanislávski, já velho, havia se transformado num tigre somente com os impulsos. Stanislávski praticamente não tinha se movido, mas apenas feito os *impulsos* das ações do tigre: para procurar sua presa, se preparar para saltar, atacar etc. Quase sem se mover, somente através dos impulsos, Stanislávski havia se transformado num tigre. Mas Grotowski disse que Stanislávski não teve tempo para trabalhar realmente nessa direção, sobre os impulsos, porque morreu.

De acordo com Grotowski, os impulsos estão ligados à tensão *certa*. Um impulso aparece em tensão. Quando temos a in-tenção de fazer alguma coisa, dentro de nós existe uma tensão *certa*, dirigida para fora. Grotowski tocou na questão da intenção em sua conferência de Liège de 1986.

Em/tensão – intenção. Não há intenção se não há uma mobilização muscular apropriada. Isso também faz parte da intenção. A intenção também existe em um nível muscular do corpo, e está ligada a um objetivo que está fora de você.

No final do século XIX, um grande psicólogo polonês, Ochorowicz, que se ocupava de "fenômenos paranormais", fez alguns estudos sobre a "força telecinética", que é o fenômeno que dá a impressão de que um objeto se move sozinho. Ochorowicz provou que pode não ser isso de forma alguma. Pode ser que só exista em/tensão no corpo. Por exemplo, há um oficial que exercita seus soldados por um longo período, ele os exercita praticamente como se os estivesse domando. Ao fim, pede que se reúnam ao redor de uma mesa e que coloquem seus dedos exatamente sob a borda da mesa. E depois dá uma ordem à mesa, dizendo: "Mesa, dance!" E a mesa começa a dançar. O que acontece aqui é em/tensão nos soldados; já que eles *esperam* que a mesa dance, há uma mobilização muscular em seus corpos e em suas mãos que faz com que a mesa se mova do modo

GROTOWSKI DIANTE DE STANISLÁVSKI: OS IMPULSOS   111

pedido. Esse exemplo é muito importante; aqui, você está diante de um único aspecto da intenção. Normalmente, quando um ator pensa em intenções, acha que isso significa "bombear" um estado emocional. Não é isso. As intenções estão ligadas às "memórias do corpo", às associações, aos desejos, ao contato com os outros, mas *também* às em/tensões musculares[4].

Vejo um possível mal-entendido: uma pessoa pode entender que os impulsos só existem no nível das contrações musculares, ir ao palco e começar a "bombear" uma pseudointensidade através de contrações musculares. Para evitar um tal mal-entendido, vou citar outra passagem na qual Grotowski fala de contração muscular e relaxamento:

Não é completamente verdade que o ator só tem que ficar bem relaxado. Muitos atores fazem uma quantidade enorme de exercícios de relaxamento. Mas quando estão no palco, eles têm dois resultados fatais. Um dos resultados é que ficam imediatamente contraídos. Antes de começar, eles relaxam, mas quando se veem diante de uma dificuldade, se contraem. Para outros, o resultado é que ficam como um lenço, astênicos, psicastênicos no palco. O processo da vida é uma *alternância* de contrações e descontrações. Então o ponto não é somente contrair e descontrair, mas encontrar esse rio, esse fluxo, no qual *o que é necessário* está *contraído* e *o que não é necessário* está *relaxado*.

Vamos pegar um exercício de Stanislávski: ele pediu que um ator encontrasse uma posição precisa em uma cadeira e relaxasse aqueles músculos que não são necessários para manter essa posição. Isso significa que os músculos empenhados nessa posição devem estar contraídos, mas aqueles que não são necessários devem estar relaxados. Isso é de fato importante. Usando o termo "elã": nas contrações inúteis uma pessoa perde uma quantidade enorme de "elã". O ator que sabe eliminar as contrações inúteis pode suportar esforços extraordinários sem ficar exausto. Ele só empenha a contração muscular onde ela é realmente necessária. Como um velho artesão que trabalha de maneira continuada, sem interrupção. Ele está sempre fazendo alguma coisa, mas devagar. Imaginem que o trabalho de vocês seja uma corda: vocês não fazem movimentos *staccato*, mas deixam "essa corda de seus esforços" surgir, lentamente, o tempo todo; porque *começar* um esforço come muito mais energia do que

4   Ibidem.

continuar um esforço. Isso também está ligado à *descontração* dos músculos que *não são necessários* para uma ação.

Por outro lado, Stanislávski disse que o ator, devido ao medo do palco, possui um ponto em seu corpo onde as contrações inúteis têm início. Por exemplo, alguns atores contraem o músculo da testa, um outro ator contrai os ombros, outro o pescoço, outro algum lugar mais embaixo nas costas, outro as pernas. E se vocês conseguem relaxar o ponto de partida das suas contrações artificiais, pode ser que as outras contrações inúteis também relaxem. Por exemplo, se suas contrações têm início aqui, na testa (onde ela sempre aparece quando alguém tem o medo do palco), logo depois, se vocês relaxam aqui, por um momento todas as contrações supérfluas do seu corpo desaparecem. Esse é o aspecto da descontração. Mas agora vamos ver o aspecto da contração. Ela! [Grotowski indica com determinação alguém que está no meio do público] Vocês estão vendo – isso exige que eu contraia o braço e a mão. Isso não pode ser feito de forma relaxada. É uma contração dinâmica que indica, mas essa contração começa dentro do corpo e tem seu objetivo fora[5].

Outra diferença, já mencionada, entre o trabalho de Stanislávski e o de Grotowski, diz respeito ao "personagem". No trabalho de Stanislávski, o "personagem" é um ser completamente novo, nascido da combinação entre o personagem escrito pelo autor e o próprio ator. O ator começa com seu "eu sou" e vai buscar as circunstâncias do personagem proposto pelo autor, para alcançar um estado de quase-identificação com o personagem, um novo ser. Toporkov, em *Stanislavski in Rehearsal*, diz: "A criação de uma pessoa viva, *realmente* viva – esse é o objetivo da verdadeira arte. O ator que pelo menos uma vez consegue se identificar com o personagem que criou no palco, tem consciência de que realizou uma grande coisa e experimenta uma grande felicidade"[6].

Nos espetáculos de Grotowski, entretanto, o "personagem" existia mais como um biombo que protegia o ator. O ator *não se identificava* com o "personagem". Isso fica claro com o exemplo do Príncipe Constante de Ryszard Cieślak. O "personagem" foi construído através de uma *montagem* e era destinado, sobretudo, à mente do espectador; por trás desse biombo, o ator

5 Ibidem.
6 Vasily O. Toporkov, op. cit., p. 218.

mantinha sua intimidade, sua segurança. Além disso, o biombo do "personagem" ocupava a mente do espectador de modo que ele pudesse perceber, com uma parte de si mais habilitada a essa tarefa, o processo escondido do ator.

Grotowski me disse que, em todo caso, a diferença fundamental entre o "método das ações físicas" de Stanislávski e seu próprio trabalho está na questão dos impulsos. Por que o impulso é tão importante no trabalho de Grotowski, e por que não é colocado em evidência no trabalho de Stanislávski? Porque Stanislávski trabalhou sobre as ações físicas no contexto da vida comum das relações: das pessoas em circunstâncias "realistas" da vida cotidiana, e de certas convenções sociais. Grotowski, ao contrário, busca as ações físicas em uma corrente essencial de vida, e não em uma situação social cotidiana. E nessa corrente de vida, os impulsos são mais importantes. Grotowski afirma que essa é a diferença entre o seu trabalho e o "método das ações físicas" de Stanislávski.

Ações "Realistas" na Vida Cotidiana

A arte do ator *não* está necessariamente limitada a situações realistas, a jogos sociais, à vida cotidiana. Às vezes, quanto mais alto é o nível e a qualidade dessa arte, mais ela se afasta desse fundamento realista, entrando nos domínios da excepcionalidade: a corrente viva dos impulsos puros. É isso, precisamente, que de fato *sempre* interessou a Grotowski em seu trabalho com o ator. Mas, para remover a arte do ator desse fundamento realista, tão caro a Stanislávski, e para alcançar um nível mais alto, é absolutamente necessário conhecer esse fundamento.

Como um jovem ator, eu me perguntava: será que todo esse "trabalho realista" é necessário? Pela primeira vez tinha lido alguns livros de Stanislávski, e achei que eram chatos. Estava ansioso para provar a "sustância" da atuação; queria experimentar a excitação da revelação emocional. Mas espero que a essa altura do texto já esteja claro que esse modo de pensar é diletante. Qualquer artista de verdade precisa de anos de prática diária para alcançar um certo nível em seu trabalho. No entanto, se ainda não estiver claro por que esse trabalho é necessário e como um ator pode ser ajudado por uma compreensão prática das ações físicas, deixe-me fazer uma observação sobre meu comportamento nesse instante para ver se posso esclarecer essa questão. Lembre-se de que agora só estou falando de situações realistas: vida cotidiana e jogo social.

Estou sentado num bar, escrevendo esse texto. Olho para fora da janela para concentrar meus pensamentos. Uma jovem caminha atravessando meu campo de visão. Nesse momento expiro bruscamente, minha coluna vertebral se move em direção ao encosto da cadeira, e eu abaixo meu olhar para a página em cima da mesa. Essa expiração brusca, o movimento da coluna, o olhar para o papel, tudo acontece quase que simultaneamente (há também um modo especial de falar interiormente "Ah, Thomas, agora você está trabalhando…"). Tudo isso está relacionado a uma ação física, de alguma forma tudo isso junto é uma ação física, mas ainda não está claro pela minha descrição – até aqui falei principalmente de alguns tipos de sintomas. Mas qual é a ação?

Se alguém no bar tivesse me observado com atenção nesse momento, teria sido capaz de ler a lógica do meu comportamento e de ver, através dele, como se estivesse vendo através de uma janela, algum detalhe da minha história. Essa pessoa teria observado: esse homem, que viu lá fora alguma coisa que o "atraía", acabou de se desviar dessa "atração" porque isso atrapalhava seu trabalho. Para se desviar dessa "atração", *o que foi que ele fez*?

Um ator não pode "atuar" diretamente esse momento como uma "autoinsatisfação", porque *a vontade não é capaz de conduzir as emoções*. Mas ele pode abaixar o olhar em direção aos seus papéis para recomeçar seu trabalho, inclinar sua coluna para trás para se afastar da sua distração, fazendo isso com o ritmo de alguém que se desvia de alguma coisa com decisão, e afirmar claramente para si esses pensamentos de autocontrole. Dessa forma, concentrando-se nessas ações (nas quais o pensamento também está incluído), o ator libera sua vida psicológica para reagir naturalmente *ao que ele faz*.

Uma pessoa que me observa com atenção pode ver os segredos da minha vida. Ela verá alguma coisa de que talvez nem eu mesmo tenha consciência. Se ela me observa nesse momento, pode chegar a me conhecer melhor do que eu mesmo. Isso, supondo que alguém no bar esteja me observando com atenção, o que pode não ser o caso. Mas vamos supor que esse bar seja um teatro, e que eu seja um ator. Então podemos esperar que ali exista um público que assiste e observa com seus sentidos ativados, à espera de receber algo do espetáculo que está acontecendo. Nesse caso há chances de que tais detalhes, e tais ações, sejam percebidos.

Com certeza os espectadores têm o desejo de ver algo de qualidade, o desejo de que algo escondido lhes seja revelado, e até mesmo a esperança inconsciente de que possam ver "algo" desconhecido sobre si mesmos. O ator tem o dever de revelar a eles esse "algo", que não foi observado ou que ficou esquecido. Se o ator executa a linha de ações físicas com verdade, ele vai viver no palco de maneira genuína, e isso, por sua vez, acabará sendo percebido pelo espectador.

As ações físicas fluem rápido na vida, na maioria das vezes de forma inconsciente. Eu só posso entender o que aconteceu comigo naquele momento, no bar, se faço um esforço para ver, para observar e analisar no detalhe. Como é que um ator pode fazer alguma coisa enquanto atua se não tem consciência do que está fazendo na vida? Usando a inspiração? A inspiração só aparece uma vez, o que fica é a construção, e isso significa simplesmente trabalho duro. Antes de qualquer outra coisa, o ator deve *ver seus próprios modos de fazer* (na vida cotidiana) para que depois possa *construir* esses "fazeres" (ações) no palco de forma consciente. Ele usa tudo isso como um trampolim para alcançar uma experiência genuína na qual suas emoções reagem naturalmente – sem "bombear" – ao que ele está *fazendo* no palco. A totalidade do que o ator *faz*, com todos os detalhes executados conscientemente e toda a verdade espontânea, revela ao espectador alguma coisa específica sobre nossa condição humana.

Se subo no palco para "retratar" esse momento do bar, e tento atuar uma "autoinsatisfação", basta eu sentar na cadeira e tentar "bombear" minha vida psicológica, sendo injusto com ela. Um espectador sente na mesma hora quando um ator está forçando. Ainda que depois do espetáculo todos os seus amigos lhe digam o quanto você foi bem, tanto você quanto eles sabem, no mais profundo de si mesmos, dos momentos em que você forçou. Você pode observar esses momentos claramente se observa suas próprias reações como espectador. Vai chegar o momento em que, por exemplo, um ator tenta alcançar falsamente um clímax emocional. Você, como espectador, começa a sentir uma espécie de vergonha, e por um instante desvia o olhar, como se uma voz interior estivesse dizendo: "Eu prefiro não ver isso, prefiro não gravar isso em mim". Então você desvia o olhar para evitar que essa imagem entre em você. O "bombeamento" emocional é claramente percebido tanto pelo espectador quanto pelo ator, instintivamente, como algo não natural. E estava claro para Stanislávski no final da sua vida, assim como está claro para Grotowski, que as emoções não estão submetidas à nossa vontade. Não se meta nisso! O que nós *fazemos*, isso sim está submetido à nossa vontade.

Sendo assim, somente um ator que pode *dominar o que ele faz* no palco será capaz de criar uma vida *no palco*. E para dominar o que ele faz, ele tem que ver o que está influenciando seu comportamento na vida cotidiana. Como um ator pode fazer alguma coisa clara no palco se está cego para seu próprio comportamento na vida? Para dominar seu ofício, ele tem que investigar os outros e a si mesmo, de modo que no palco possa revelar algum segredo de valor que notou em si mesmo ou nos outros. Essas investigações serão como um dedo enfiado na ferida do espectador, que se verá refletido no espelho das ações do ator.

Como ficam confortáveis em suas cadeiras os profissionais que assistem a um teatro ruim! Na verdade não importa quanto reclamamos, uma parte de nós fica satisfeita quando vemos um teatro ruim. Depois, podemos confortavelmente falar entre nós sobre quanto era ruim, e quando encontramos nossos amigos que faziam o espetáculo, podemos mentir também confortavelmente sobre quanto ele era bom. A máscara social fica preservada, nada mudou do seu próprio lugar; vamos para casa e dormimos profundamente, novamente tranquilos porque os outros não têm a capacidade de nos mostrar algo que esteja faltando, para criar em nós o choque que alguém sente quando está diante da verdade.

Stanislávski construiu seus métodos de trabalho a partir da observação da vida cotidiana e dos jogos sociais. Podemos ver isso claramente no livro de Nikolai Gorchakov, *Stanislavsky Directs*, no qual Stanislávski diz que é possível compreender,

AÇÕES "REALISTAS" NA VIDA COTIDIANA

olhando através de uma janela fechada, a conversa de um casal que está lá fora na rua; isso sem nem mesmo ouvir suas palavras, mas simplesmente *observando seu comportamento*[1].

O trabalho de Grotowski sobre as ações físicas, no Teatro Laboratório, não retrata o jogo social habitual nem os detalhes realistas da vida cotidiana. Em seu texto de base, *Em Busca de um Teatro Pobre*, ele diz:

> O ser humano, em um momento de choque, de terror, de perigo mortal ou de imensa alegria, não se comporta "naturalmente". O ser humano, nessa espécie de *máximo interior*, utiliza signos ritmicamente articulados, começa a "cantar", a "dançar". Não um gesto comum ou uma "naturalidade" cotidiana, e sim um signo, que é característico da nossa expressão primária. Mas em termos de técnica formal, não é questão de uma multiplicação de signos, nem de sua acumulação (como acontece nos teatros orientais nos quais os mesmos signos são repetidos). Em nosso trabalho, estamos buscando a *destilação* dos signos eliminando aqueles elementos do comportamento "comum" que *obscurecem os impulsos puros*[2].

Na versão de Grotowski, o trabalho sobre as ações físicas é apenas a porta para entrar na corrente viva dos impulsos, e não uma simples reconstrução da vida cotidiana. Quando analisamos as "ações realistas", temos que ver a perspectiva do *outro nível* desse trabalho, que está muito mais ligado à *corrente dos impulsos*. Também precisamos recordar que, apesar de investigar nosso próprio comportamento e o comportamento dos outros na vida cotidiana, *não temos que instalar dentro de nós um observador interior quando estamos no palco. No momento do ensaio ou do espetáculo, a auto-observação é um forte adversário* do ator, e bloqueia suas reações naturais.

---

1 Nikolai Gorchakov, *Stanislavsky Directs*, New York: Limelight, 1985 (1954), p. 314-316.
2 Jerzy Grotowski, *Em Busca de um Teatro Pobre*, p. 15-16; *Para um Teatro Pobre*, p. 14.

Conclusão sobre as Ações "Realistas"

Um dia Grotowski me disse: "Depois do 'Sistema' de Stanislávski, veio o seu 'método das ações físicas'. Você acha que Stanislávski teria parado ali? Não, ele morreu. É por isso que ele parou. Eu simplesmente *continuei a sua pesquisa*. É por isso que alguns russos dizem que 'Grotowski é Stanislávski'[1]: isso acontece porque eu *continuei* a sua pesquisa e *não só repeti* o que ele já tinha descoberto". Para continuar a investigação de outra pessoa, temos que saber na prática o que ele já encontrou.

Estou me perguntando de onde vinha o conhecimento de Stanislávski sobre as pequenas ações "realistas". Sem dúvida vinha de sua maneira cuidadosa de observar a vida cotidiana. Então, sentado novamente no bar, vou tentar, através da observação, dar um passo a frente em minha própria compreensão sobre as ações físicas, enquanto concluo esse texto.

Um jovem está entrando no bar. Ele cumprimenta as pessoas com um sorriso, assobiando uma suave melodia; o tempo--ritmo da sua caminhada é vigoroso. Seu passo é leve. Senta-se

---

1 Ver, por exemplo, o texto de Anatolij Vassiliev , "Dopoki Grotowski…", em *Notatnik Teatralny* , Wroclaw, Polônia, primavera de 1991, p. 10. Ele diz: "Quando estudei direção (em um instituto de teatro de Moscou) e nos corredores flutuava esse nome, Grotowski, para mim era Stanislávski".

a uma mesa com seu café, o jornal está em cima da mesa. Seu corpo se inclina para ver a primeira página. Mas não... agora seu corpo se curva, ele se senta com a coluna vertebral arqueada como se fosse a letra "c", apoiando-se no encosto da cadeira. Seus olhos separam-se um pouco, o olho esquerdo vai um pouco mais para a esquerda, e o direito vai um pouco mais para a direita. Ele suspira. É como se não estivesse mais vendo o que está em sua frente. Fica nessa posição sem se mover durante uns vinte segundos. Parece que ele se esqueceu do jornal, se esqueceu do café. Agora sua testa está franzida entre as sobrancelhas. Ele não está mais sorrindo. De repente, uma vez mais, olha para o que está ao seu redor. Observa rapidamente o que existe em torno de si, e lança olhares sincopados para ver se alguém o viu nesses últimos vinte segundos. Olhando agora para seu café, dá dois golinhos para ver se ainda está quente, depois bebe tudo num gole só. Põe a xicrinha de volta no pires fazendo um barulho que não era intencional, pois está olhando de novo pra baixo, e mais uma vez parece que não vê o que está diante de si. Sua coluna ainda está arqueada como se fosse um "c". Ele se levanta devagar. Toca levemente seus lábios com um lado de seu indicador direito. Depois sua mão toca seu rosto e um dedo entra em sua boca enquanto ele se move devagar até a porta. Sua sobrancelha ainda está franzida. Já está na porta quando de repente para e volta atrás. Havia se esquecido de pagar seu café. Ele para de tocar o próprio rosto e vai rapidamente até o caixa num ritmo irregular. Enquanto paga, seus movimentos são bruscos e apressados. Ao ir embora do bar ele olha para baixo, seus lábios estão firmemente apertados; sua caminhada é rápida, irregular e barulhenta.

O que descrevi aqui *não* foi a linha de ações físicas, mas a *imagem exterior* do comportamento – e os *sintomas* – observados de fora: um momento da vida desse jovem. Ele não estava consciente da complexidade do que havia lhe acontecido naqueles momentos. Não estava consciente, por exemplo, de ter entrado no bar em um estado e de ter saído em outro completamente diferente. Podemos dizer que essa viagem de um estado "positivo" a outro "negativo" era mais ou menos inconsciente para ele. Provavelmente mais tarde, durante o dia, em algum momento ele se deu conta de que estava de mau humor, mas

CONCLUSÃO SOBRE AS AÇÕES "REALISTAS" 123

teria sido muito difícil para ele reconstruir exatamente por que e como esse mau humor começou.

Vamos supor, agora, que um ator tenha que atuar esse mesmo evento realista. Enquanto o comportamento do jovem era quase inconsciente, a preparação do ator deve ser *consciente*, porque ele tem que construir o papel. Então o ator tem que estar consciente dos pequenos pedaços de vida com uma consciência que os outros, normalmente, não têm. Para *fazer* essa realidade, o ator tem que ser capaz de *vê-la* em seus detalhes, para depois *construí-la*, e em seguida *vivê-la* no palco *sem auto-observação*. Ele deve ver que o estado psicológico desse jovem estava diretamente relacionado ao seu comportamento físico (e também influenciado por ele); que seu "tempo" original quando entrou no bar era *leve* e rápido, enquanto seu "tempo" quando saiu era *pesado* e rápido. O ator saberá qual era a memória precisa do jovem quando se sentava à mesa e não via o que estava diante de si. O ator saberá que existe uma ligação direta entre o ato de curvar a coluna vertebral enquanto se senta, e o fato de que esse jovem chegou a um estado psicológico negativo. Mas o ator não se ocupará desse estado emocional porque sabe que não pode controlá-lo com sua vontade. Ele se ocupará do modo preciso de se sentar, e de como manter seu corpo. *Talvez esse modo de se sentar do jovem fosse o mesmo, por exemplo, da noite anterior, quando sua namorada gritava com ele*, acusando-o de não ter lhe dado o bastante. No dia seguinte ele está sentado no bar. Até aquele momento havia se esquecido da briga da noite anterior. Mas agora o modo parecido de se sentar chama à sua memória o rosto vermelho da sua namorada na noite anterior. Ele começa a vê-la, a ouvir novamente o som estridente da sua voz. Percebe, mais uma vez, o modo em que as entonações dela deram-lhe o impulso de agredi-la (agora ele não vê nada que se passa no bar, não ouve nenhum som ao seu redor, está completamente absorvido por sua memória). Recorda como ficou sentado diante dela sem fazer nada. Talvez nesse momento sua mente diga: "Eu não fiz nada, eu não fiz nada…" E aí o ator tem que saber por que ele – assim como o jovem – se esquece de pagar o café: porque vai embora do bar do mesmo modo em que foi embora da casa da sua namorada na noite passada. Para ele, naquele momento, o bar é efetivamente a casa da sua namorada. Ele não vê nada além disso, só ouve seus gritos, e foge... esquecendo-se de pagar seu café. Tudo isso deve ser uma parte clara da linha de ações do ator; tão clara quanto o tempo-ritmo da sua entrada (que é diferente de quando ele vai embora); tão clara quanto o ato de franzir a testa enquanto ele se lembra da qualidade áspera da voz da sua namorada, "impossível de ouvir".

Textos Citados

BROOK, Peter. Grotowski, Art as a Vehicle. *Centro di Lavoro di Jerzy Grotowski*. Pontedera: Centro per la Sperimentazione e la Ricerca Teatrale, 1988.

GORTCHAKOV, Nikolai M. [1954]. *Stanislavsky Directs*. New York: Limelight Editions, 1985.

GROTOWSKI, Jerzy. *Towards a Poor Theatre*. Holstebro: Odin Teatrets Forlag, 1968.

_____. Risposta a Stanislavsij. In: CRUCIANI, Fabrizio; FALLETTI, Clelia. *Konstantin Stanislavskij: L'attore creativo*. Traduzido do polonês ao italiano por Carla Pollastrelli. Florença: La casa Usher, 1980.

_____. Conferência não publicada realizada em Liège, Bélgica, no Cirque Divers, em 2 de janeiro de 1986. Transcrição de uma gravação em fita cassete, em francês, consultada através de Grotowski.

_____. Performer. *Centro di Lavoro di Jerzy Grotowski*. Pontedera: Centro per la Sperimentazione e la Ricerca Teatrale, 1988.

_____. Conferência não publicada realizada em Santarcangelo, Itália, em 18 de julho de 1988. Transcrição de uma gravação em fita cassete, em f ancês, consultada através de Grotowski.

_____. Tu es le fils de quelqu'un. *Europe*, Paris, n.726, Europe et Messidor, out. 1989.

_____. C'était une sorte de volcan. Entrevista em *Les Dossiers H*. Tradução de Magda Zlotowska. Paris: Editions l'Age d'Homme et Bruno de Panafieu, 1992.

_____. Le Prince Constant de Ryszard Cieślak: *Rencontre Hommage à Ryszard Cieślak*, 9 décembre 1990, organizado pela Académie Expérimentale des Théâtres em colaboração com o Théâtre de l'Europe. *Ryszard Cieślak, acteur-emblème des années soixante*. Obra coletiva sob a direção de Georges Banu. Paris: Actes Sud-Papier, 1992.

MOORE, Sonia. [1960]. *The Stanislavski System*. New York: Penguin Books, 1984.

STANISLAVSKIJ, Konstantin S. *Il Lavoro dell'Attore sul Personaggio*. Org. F. Malcovati. Roma-Bari: Editori Laterza, 1988.

TOPORKOV, Vasily O. *Stanislavski in Rehearsal: The Final Years*. Traduzido para o inglês por Christine Edwards. New York: Theatre Arts Books, 1979.

VASSILIEV, Anatolij. Dopoki Grotowski... *Notatnik Teatralny*. Wroclaw, primavera de 1991.

Da Companhia Teatral à Arte como Veículo
por Jerzy Grotowski

© por Jerzy Grotowski, 1993.

O presente texto está baseado nas transcrições de duas conferências de Jerzy Grotowski: outubro de 1989 em Modena, Itália, e maio de 1990 na Universidade da Califórnia, em Irvine.

Baseando-se na versão italiana traduzida por Carla Pollastrelli, a tradução deste texto em inglês foi feita por Thomas Richards, Michel A. Moos e o autor.

A tradução deste texto para o português foi feita por Patricia Furtado de Mendonça a partir da versão em inglês, que foi exaustivamente revisada por Jerzy Grotowski (assim como a sua versão em francês) e que atualmente pode ser considerada como a redação final de "Da Companhia Teatral à Arte como Veículo".

Da Companhia Teatral
à Arte como Veículo

Jerzy Grotowski

I

Quando falo de "companhia teatral", refiro-me ao "teatro de *ensemble*", ao trabalho de um grupo a longo prazo. A um trabalho que não está ligado de modo particular aos conceitos de vanguarda e que constitui a base do teatro profissional do nosso século, que começou no final do século XIX. Mas também podemos dizer que foi Stanislávski quem desenvolveu essa noção moderna de companhia teatral como fundamento do trabalho profissional. Penso que seja correto começar com Stanislávski, pois qualquer que seja nossa orientação estética no campo do teatro, de alguma forma compreendemos quem foi Stanislávski. Ele não se dedicava ao teatro experimental ou de vanguarda; conduziu um trabalho sólido e sistemático sobre o ofício.

Mas o que existia antes do teatro de *ensemble*? Podemos imaginar, no século XIX, principalmente na Europa Central e do Leste, algumas famílias de atores nas quais, por exemplo, o pai e a mãe eram atores, e o velho tio era o diretor: ainda que na realidade sua função fosse apenas indicar aos atores "você entra através dessa porta e se senta nessa cadeira", quando era

130 TRABALHAR COM GROTOWSKI SOBRE AS AÇÕES FÍSICAS

necessário ele também tomava conta dos figurinos e dos acessórios. O neto também era um ator e, quando se casava, sua esposa se tornava uma atriz; se mais tarde chegava um amigo, ele também se juntava à família teatral.

Essas famílias tinham períodos de ensaio muito curtos, cerca de cinco dias para preparar uma estreia. De forma que os atores daquela época tinham desenvolvido uma memória prodigiosa: aprendiam um texto com grande rapidez e em poucos dias conseguiam dizê-lo de cor. Mas como às vezes ficavam confusos, era necessário ter um ponto.

Se observo esse período com uma certa distância, penso que o trabalho dessas pessoas não era tão ruim. Elas não eram capazes de elaborar todos os detalhes do seu espetáculo, mas sabiam que os detalhes tinham que estar lá. Além disso, conheciam as situações dramáticas que precisavam aparecer e, principalmente, sabiam que tinham que encontrar um modo de estarem vivos através do seu comportamento. Desse ponto de vista, acredito que o que eles fizeram foi bem melhor do que ensaiar quatro ou cinco semanas, porque quatro ou cinco semanas é muito pouco para preparar a verdadeira partitura de um papel e tempo demais para tentar captar a vida apenas improvisando.

Quanto tempo é necessário ensaiar?

Depende. Normalmente Stanislávski ensaiava durante um ano e chegou até a trabalhar na mesma peça durante três anos. Brecht também ensaiava durante longos períodos. Mas existe algo como uma duração média. Na Polônia, por exemplo, durante os anos sessenta, o período normal de ensaios era de três meses. Para os jovens diretores que estão preparando seu primeiro ou segundo espetáculo, pode ser vantajoso ter diante de si uma data marcada para a estreia, com um período de ensaio relativamente curto, por exemplo, dois meses e meio. Caso contrário, podem se abandonar ao desperdício de tempo: como eles se encontram no início de seu trabalho artístico, ainda estão cheios de material reunido ao longo de sua vida, sem tê-lo ainda canalizado para os espetáculos.

Por outro lado, alguns diretores, que são aparentemente experientes, admitem que perto do final do período estabelecido de quatro semanas não sabem mais o que fazer. Aqui está o problema: uma falta de conhecimento sobre o que é o trabalho com o ator e o trabalho sobre a direção. Se alguém quiser obter em um mês os mesmos resultados que antes essas famílias de atores obtinham em cinco dias, é lógico que rapidamente não vai saber mais sobre o que trabalhar. Os ensaios se tornam cada vez mais sumários. Qual é a causa? A comercialização. As companhias teatrais estão desaparecendo, cedendo espaço para a *indústria* do espetáculo; principalmente nos Estados Unidos, mas cada vez mais também na Europa. Os teatros estão se tornando agências que contratam o diretor que, por sua vez – sozinho ou com o produtor de elenco –, seleciona, entre dezenas ou centenas de candidatos, os atores para a estreia programada; aí então começam os ensaios que duram algumas semanas. O que tudo isso significa?

É como cortar a floresta sem plantar as árvores. Os atores não têm a possibilidade de encontrar alguma coisa que seja uma descoberta artística e pessoal. Eles não podem. Para se defender, eles têm que explorar o que já sabem fazer e que lhes trouxe sucesso – e isso vai contra a criatividade. Porque, ao contrário, criatividade é descobrir aquilo que você não conhece. Essa é a razão-chave pela qual as companhias são necessárias. Elas dão a possibilidade de renovar as descobertas artísticas. No trabalho de um grupo de teatro, é preciso buscar a continuidade através dos espetáculos que se seguem por um longo período de tempo, dando ao ator a possibilidade de passar de um tipo de papel ao outro. Os atores devem ter tempo para a investigação. Então não é cortar a floresta, mas plantar as sementes da criatividade. Tudo isso começou com Stanislávski.

De acordo com as "leis naturais", a vida criativa de uma companhia não dura muito tempo. De dez a quatorze anos, não mais. Depois a companhia fica seca, a menos que se reorganize e introduza novas forças; senão ela morre. Não devemos ver a companhia teatral como um fim em si mesmo. Se a companhia se transforma simplesmente num lugar seguro, ela alcança um estado de inércia; e aí não é mais importante ter vitórias artísticas ou não. Tudo se arruma como numa empresa burocrática – que se arrasta, se arrasta, como se o tempo parasse. Aqui está o perigo.

II

Nos Estados Unidos há inúmeros Departamentos de Teatro nas universidades, e alguns são bem grandes. Muitos professores trabalham em nome de Stanislávski, buscando, dentro de suas possibilidades, aquilo que Stanislávski indicou, ou afirmando "desenvolver" aquilo que Stanislávski propôs. E aqui estamos diante de um absurdo. Como é possível estudar Stanislávski durante dois ou três anos e preparar uma estreia em quatro semanas (como na maioria das vezes é feito nesses departamentos)? Stanislávski nunca teria aceitado isso. Para ele, o tempo mínimo de trabalho num espetáculo era de vários meses, e a estreia só acontecia quando os atores estavam prontos.

Fora dos Departamentos de Teatro existe uma explicação: a falta de recursos. Mas dentro desses departamentos normalmente existem recursos, ainda que mínimos e – além do mais – existe tempo. Eles podem trabalhar durante quatro, cinco, nove meses, porque têm tempo. Os Departamentos de Teatro usam seus estudantes como atores (sem pagá-los), então eles podem ensaiar todo o tempo que for necessário; mas geralmente isso não acontece.

Sendo assim, nos Departamentos de Teatro existe a possibilidade (dentro da moldura dos programas de estudo) de criar algo que poderia funcionar como um grupo de teatro, não por um princípio político ou filosófico, mas por razões profissionais: não desperdiçar tempo com cada nova peça tendo a pretensão de fazer grandes descobertas, mas simplesmente buscar quais são as possibilidades e como ir além delas. Depois de terminar uma peça, você já deve estar pronto para começar a próxima.

Em 1964, no meu Teatr Laboratorium da Polônia, fizemos um espetáculo baseado em *Hamlet*, que foi considerado um desastre pela crítica. Para mim não foi um desastre. Para mim foi a preparação de um trabalho muito especial e, de fato, vários anos mais tarde, fiz *Apocalypsis cum figuris*. Mas para chegar lá foram necessárias as mesmas pessoas, a mesma companhia. O primeiro passo (*Hamlet*) se mostrou incompleto. Não era ruim, porém não foi concluído. No entanto estava perto da descoberta de possibilidades essenciais. Depois, com o outro espetáculo (*Apocalypsis*), foi possível dar o próximo passo. Há vários

DA COMPANHIA TEATRAL À ARTE COMO VEÍCULO

elementos relacionados ao ofício que precisam de um trabalho a longo prazo. E isso só é possível se existe uma companhia.

Se alguém trabalha em nome de Stanislávski, no mínimo deve começar com o que ele pediu: o tempo para os ensaios, a elaboração da partitura do ator, e o trabalho de grupo. Caso contrário, volte para as famílias de atores e faça os espetáculos em cinco dias. Talvez isso seja melhor do que as miseráveis quatro semanas.

III

Agora vou passar ao próximo tema. Nas *performing arts*, existe uma cadeia com diferentes elos. No teatro temos um elo que é visível – o espetáculo – e outro, que é quase invisível: os ensaios. Os ensaios não são apenas uma preparação para a estreia, são, para o ator, um terreno de descobertas, sobre ele mesmo, suas possibilidades, suas chances de ultrapassar os próprios limites. Os ensaios são uma grande aventura quando trabalhamos com seriedade. Vamos pegar o importante livro de Toporkov sobre o trabalho de Stanislávski, intitulado, em inglês, *Stanislavski in Rehearsal*. Aqui nós vemos que as coisas mais interessantes aconteceram durante os ensaios de *Tartufo*, quando Stanislávski nem pensava em fazer um espetáculo público. Para ele, o trabalho sobre *Tartufo* era apenas um trabalho interno para os atores, que ele tratava como os futuros mestres da arte do ator, ou como os futuros diretores, e mostrou a eles em que consiste a aventura dos ensaios.

Fleming não estava buscando a penicilina; ele e seus colegas procuravam outra coisa. Mas a pesquisa era sistemática, e eis que então surgiu a penicilina. Podemos dizer algo parecido com relação aos ensaios. Estamos buscando alguma coisa e só temos uma noção preliminar sobre ela, um conceito. Se pesquisarmos intensamente e conscienciosamente, talvez não encontremos nada daquilo, porém outra coisa pode surgir e redirecionar todo o trabalho. Lembro-me de quando, no Teatr Laboratorium, começamos a trabalhar sobre o *Samuel Zborowski* de Slowacki e, sem nos darmos conta, mudamos a direção do trabalho durante os ensaios. De fato, depois de uns meses, alguns elementos apareceram – eles eram vivos e interessantes, mas não tinham nada a ver com o texto de *Samuel Zborowski*. Como diretor, eu estava do lado do que era realmente vivo. Não busquei um modo de inseri-los dentro da estrutura do espetáculo que havia sido projetado; pelo contrário, observei o que podia acontecer se desenvolvêssemos tudo aquilo. Após um certo tempo, nos tornamos mais precisos, o que nos levou ao texto *O Grande Inquisidor*, de Dostoiévski. No final, surgiu *Apocalypsis cum Figuris*. Surgiu no meio dos ensaios de outro espetáculo. Eu poderia dizer que surgiu nas sementes dos ensaios.

Então, os ensaios são algo muito especial. Aqui, há somente um espectador presente – aquele que eu chamo de "o diretor como um espectador profissional". Depois temos: ensaios para o espetáculo e ensaios que não são totalmente para o espetáculo, são mais para descobrir as possibilidades dos atores. Na verdade, já falamos de três elos de uma cadeia que é muito longa: o elo do espetáculo, o elo dos ensaios para o espetáculo, o elo dos ensaios que não são totalmente para o espetáculo... Isso, em uma das extremidades da cadeia. Na outra extremidade, descobrimos algo muito antigo, mas que é desconhecido por nossa cultura nos dias de hoje: a arte como veículo – o termo que Peter Brook usou para definir meu trabalho atual. Normalmente, no teatro (quer dizer, no teatro dos espetáculos, na arte como apresentação), trabalha-se sobre a visão que deve surgir na percepção do espectador. Se todos os elementos do espetáculo são elaborados e reunidos corretamente (a montagem), surge na percepção do espectador um efeito, uma visão, uma história; em certo grau, o espetáculo não aparece no palco, mas na percepção do espectador. Essa é a natureza da arte como apresentação. Na outra extremidade da longa cadeia das *performing arts* está a arte como veículo, que busca criar a montagem *não* na percepção dos espectadores, mas *nos artistas que agem:* "os atuantes". Isso já existiu no passado, nos antigos Mistérios.

IV

Na minha vida, passei por diferentes fases de trabalho. No teatro dos espetáculos (arte como apresentação) – que considero uma fase muito importante, uma aventura extraordinária com efeitos de longo prazo – cheguei a um ponto em que não estava mais interessado em fazer novos espetáculos.

Então interrompi meu trabalho como construtor de espetáculos e segui em frente, concentrando-me para descobrir a continuação da cadeia: os outros elos, aqueles que vinham *depois* dos elos dos espetáculos e dos ensaios; foi daí que surgiu o parateatro, ou seja, o teatro participativo (quer dizer, com a participação *ativa* das pessoas de fora). E dentro dele, quase escondido, estava o *Holiday – o dia que é santo*: humano, mas quase sagrado, consistia em um "desarma-se" – de modo recíproco e total. Quais foram as conclusões? Nos primeiros anos, quando um pequeno grupo trabalhou nisso intensamente, e depois que só alguns novos participantes de fora juntaram-se a ele, aconteceram coisas que beiraram o milagre. Portanto, quando depois, à luz dessa experiência, fizemos outras versões, visando incluir mais participantes – ou quando o grupo de base não tinha passado antes por um longo período de trabalho intrépido – alguns fragmentos funcionaram bem, mas o conjunto degenerava um pouco para uma sopa emotiva entre as pessoas, ou melhor, para uma espécie de animação. Foi do parateatro que nasceu (como o elo *seguinte*) o Teatro das Fontes, que tinha a ver com a fonte de diferentes técnicas tradicionais, com "o que precede as diferenças". Nessa investigação, a abordagem era bem mais solitária. Costumávamos trabalhar ao ar livre, buscando, sobretudo, o que o ser humano pode fazer com sua própria solidão, como ela pode ser transformada em força e numa relação com o que é chamado de meio ambiente natural. "Os sentidos e seus objetos" (*the senses and their object*), "a circulação da atenção" (*the circulation of attention*), "a Corrente 'vislumbrada' por alguém quando está em movimento" (*the Current 'glimpsed' by one while he is in movement*), "o corpo vivente no mundo vivente" (*the living body in the living world*) – tudo isso, de alguma maneira, tornou-se a palavra de ordem desse trabalho. Com o Teatro das Fontes chegamos a processos fortes e muito vivos, ainda que, sob alguns aspectos, não tenhamos transcendido as fases da experimentação: não tínhamos bastante tempo para continuar depois que o programa foi interrompido (eu tive que deixar a Polônia).

136 TRABALHAR COM GROTOWSKI SOBRE AS AÇÕES FÍSICAS

Tanto o parateatro quanto o Teatro das Fontes podem acarretar uma limitação – aquela de se fixar em um plano "horizontal" (com suas forças vitais, principalmente corporais e instintivas) ao invés de levantar voo desse plano como se ele fosse uma pista de decolagem. Ainda que isso possa ser evitado se alguém presta muita atenção, é importante mencionar esse fato, pois a predominância do elemento vital pode bloquear no plano horizontal: não permitindo que se passe na ação *acima* desse plano.

O trabalho atual – que considero para mim como final, como o ponto de chegada – é a arte como veículo. Em meu percurso, fiz uma longa trajetória – da arte como apresentação à arte como veículo (que, por outro lado, está ligada aos meus interesses mais antigos). O parateatro e o Teatro das Fontes estavam na linha dessa trajetória.

O parateatro permitiu colocar à prova a verdadeira essência da determinação: não se esconder em nada.

O Teatro das Fontes revelou possibilidades reais. Mas era claro que não podíamos realizá-las *in toto* se não fôssemos além de um certo nível "impromptu". Nunca rompi com a sede que motivou o Teatro das Fontes. E no entanto a arte como veículo não está orientada ao longo do mesmo eixo – o trabalho procura passar, conscientemente e deliberadamente, acima do plano horizontal com suas forças vitais, e essa passagem se tornou o objeto principal: a "verticalidade". Por outro lado, a arte como veículo está concentrada no rigor, nos detalhes, na precisão – comparável àquela dos espetáculos do Teatr Laboratorium. Mas atenção! Não é um retorno à arte como apresentação; é *a outra extremidade da mesma cadeia*.

V

Desse ponto de vista, vou fazer algumas especificações sobre o trabalho realizado no meu Workecenter de Pontedera, na Itália.

No Workcenter, um polo do trabalho é dedicado à formação (no sentido de uma educação permanente) no campo do canto, do texto, das ações físicas (análogas às de Stanislávski), dos exercícios "plásticos" e "físicos" para os atores.

O outro polo engloba o que vai em direção à arte como veículo. O resto desse texto fala dessa investigação, porque é algo desconhecido ou, num certo sentido, esquecido no mundo contemporâneo.

Podemos dizer "arte como veículo", mas também "objetividade do ritual" ou "artes rituais". Quando falo de ritual, não me refiro a uma cerimônia e nem a uma celebração, menos ainda a uma improvisação com a participação de pessoas de fora. Também não falo de uma síntese de diferentes formas rituais provenientes de diferentes lugares do mundo. Quando me refiro ao ritual, falo de sua objetividade: isso significa que os elementos da Ação – por seus impactos diretos – são os instrumentos para trabalhar *sobre o corpo, o coração e a cabeça* "dos atuantes".

Do ponto de vista dos elementos técnicos, na arte como veículo tudo é quase como nas artes teatrais; trabalhamos sobre o canto, os impulsos e as formas de movimento, aparecem inclusive motivos textuais. E tudo é reduzido ao que é estritamente necessário, até que surja uma estrutura tão precisa e trabalhada como num espetáculo: a *Action*.

Agora é possível perguntar: Então, qual é a diferença entre essa objetividade do ritual e um espetáculo? A diferença está apenas no fato de que o público não é convidado?

Essa pergunta é legítima; por isso, quero indicar algumas premissas que esclarecem a diferença entre a arte como apresentação (um espetáculo) e a arte como veículo.

Uma diferença, entre várias outras, está na sede de montagem.

Em um espetáculo, a sede da montagem está na percepção do espectador; na arte como veículo, a sede da montagem está nos *atuantes*, nos artistas que agem.

Quero dar um exemplo de sede da montagem *na percepção do espectador*. Vamos pegar o Príncipe Constante de Ryszard Cieślak no Teatr Laboratorium. Com relação ao trabalho sobre o papel, antes mesmo de encontrar seus parceiros no espetáculo, Cieślak trabalhou sozinho comigo durante vários meses. Nada em seu trabalho estava ligado ao mártir que, no drama de Calderón/Slowacki, é o tema do papel do Príncipe Constante. O rio da vida, no ator, estava ligado a uma determinada memória que se encontrava muito distante de qualquer escuridão, de qualquer sofrimento. Seus longos monólogos estavam ligados às ações que pertenciam a uma memória concreta da sua vida, às mínimas ações e impulsos físicos e vocais desse momento relembrado. Foi um momento da sua vida relativamente curto – digamos que eram algumas dezenas de minutos, quando ele era adolescente e viveu sua primeira grande, enorme experiência amorosa. Isso se refere àquele tipo de amor que, como só pode acontecer na adolescência, carrega toda a sua sensualidade, tudo o que é carnal, mas, ao mesmo tempo, por detrás disso, algo completamente diferente que não é carnal, ou que é carnal de outra maneira, e que é muito mais como uma prece. É como se, entre esses dois lados, surgisse uma ponte que é uma *prece carnal*. O momento do qual eu falo foi, portanto, imune de qualquer conotação tenebrosa, é como se esse adolescente trazido à memória se liberasse do seu corpo com seu próprio corpo, como se ele se liberasse – passo após passo – do peso do corpo, de qualquer aspecto doloroso. E sobre o rio dos menores impulsos e ações dessa memória, o ator inseriu o fluxo do texto dos monólogos do Príncipe Constante.

Sim, o ciclo das associações pessoais do ator pode ser uma coisa, e a linha que aparece na percepção do espectador pode ser outra coisa. Mas entre essas duas coisas diferentes deve existir uma relação genuína, uma única raiz profunda, ainda que esteja bem escondida. Senão tudo se torna qualquer coisa, algo simplesmente casual. No caso do trabalho com Ryszard Cieślak sobre o Príncipe Constante, essa raiz estava ligada à nossa leitura – antes mesmo que tivéssemos começado a trabalhar – do *Cântico Espiritual* de João da Cruz (que se junta à tradição bíblica do *Cântico dos Cânticos*). Nessa referência oculta, a relação entre a alma e o Verdadeiro – ou se quiserem entre Homem e Deus – é a relação entre a Amada e seu Amado. Foi isso que levou Cieślak a se lembrar de uma experiência de amor tão única a ponto de se tornar prece carnal.

Mas o conteúdo da peça de Calderón/Slowacki, a lógica do texto, a estrutura do espetáculo em torno do ator e em relação a ele, os elementos narrativos e os outros personagens do drama, tudo isso sugeria que ele era um prisioneiro, um

DA COMPANHIA TEATRAL À ARTE COMO VEÍCULO

mártir a quem tentam destroçar e que se recusa a se submeter às leis que não aceita. E através dessa agonia do mártir, ele alcança seu apogeu.

Essa era a história para o espectador, mas não para o ator. Ao redor do Príncipe Constante, outros personagens vestidos como procuradores de um tribunal militar provocavam uma associação com a história da Polônia contemporânea. No entanto é evidente que essa alusão específica não era a chave. O fundamento da montagem era a narração (em torno do ator que interpretava o Príncipe Constante) que criava a história de um mártir: a encenação, a estrutura do texto escrito e – o que é mais importante – as ações dos outros atores que, de sua parte, tinham suas próprias motivações. Nenhum deles buscava interpretar, por exemplo, um procurador militar; cada um atuava de acordo com os temas relacionados à sua própria vida, estritamente estruturados e inseridos na forma dessa história "segundo Calderón/Slowacki".

Então, onde foi que o espetáculo apareceu?

Num certo sentido, essa *totalidade* (a montagem) não apareceu no palco, e sim na percepção do *espectador*. A sede da montagem foi a percepção do espectador. O que o espectador captou foi a montagem intencional, mas o que os atores fizeram… essa é outra história.

Fazer a montagem na percepção do espectador não é tarefa do ator, e sim do diretor. Para o ator é melhor se *libertar* da dependência do espectador, se não quiser perder a própria semente da criatividade. Fazer a montagem na percepção do espectador é tarefa do diretor, e esse é um dos elementos mais importantes do seu ofício. Como diretor de *O Príncipe Constante*, trabalhei de forma premeditada para criar esse tipo de montagem, de modo que a maioria dos espectadores captasse a *mesma* montagem: a história de um mártir, de um prisioneiro cercado por seus perseguidores, que tentavam destroçá-lo, mas que ao mesmo tempo eram fascinados por ele etc… Tudo isso foi concebido de forma quase matemática para que essa montagem funcionasse e acontecesse por si só na percepção do espectador.

Quando falo de arte como veículo, me refiro, pelo contrário, a uma montagem cuja sede *não está na percepção do espectador e sim na dos atuantes.* Isso não significa que os atuantes façam um acordo entre si sobre o que será a montagem comum, não significa que eles compartilhem uma definição comum sobre o que vão fazer. Não, não há um acordo verbal e nem uma definição falada; através das próprias ações é preciso descobrir como se aproximar – passo após passo – do que é essencial. Nesse caso, a sede da montagem está nos atuantes.

Também podemos usar outra linguagem: o elevador. O espetáculo é como um grande elevador no qual o ator é o ascensorista. Os espectadores estão nesse elevador, o espetáculo os transporta de uma forma de evento a outra. Se esse elevador funciona para os espectadores, significa que a montagem é bem feita.

A arte como veículo é como um elevador bastante primitivo: é uma espécie de cesta puxada por uma corda com a qual o próprio atuante se eleva em direção a uma energia mais sutil, para então descer *com ela* até o corpo instintual. Essa é a *objetividade* do ritual. Se a arte como veículo funciona, essa objetividade existe e a cesta se move de um nível a outro para aqueles que fazem a *Action*.

Vários elementos de trabalho são parecidos nas *performing arts*, mas é exatamente nessa diferença entre os elevadores (um é o elevador para os espectadores, e o outro, aquele primordial, é para os atuantes) – assim como na diferença entre a montagem na percepção dos espectadores e a montagem nos artistas que agem – que está a distinção entre a arte como apresentação e a arte como veículo.

Na arte como veículo o impacto sobre o atuante é o resultado. Mas esse resultado não é o conteúdo; o conteúdo está na passagem do que é pesado ao que é sutil.

Quando falo da imagem do elevador primordial, e depois da arte como veículo, me refiro à verticalidade. Verticalidade – podemos ver esse fenômeno em categorias de energia: energias pesadas, porém orgânicas (ligadas às forças da vida, aos instintos, à sensualidade), e outras energias, mais sutis. A questão da verticalidade significa passar de um nível supostamente grosseiro – num certo sentido, poderíamos dizer "nível cotidiano" – para um nível de energia mais sutil ou, até mesmo, que busca uma *conexão mais elevada*. A esse ponto, não seria certo falar mais sobre isso. Eu indico simplesmente a passagem, a direção. Aqui, há também outra passagem: se alguém se aproxima da conexão mais elevada – quer dizer, falando em termos de energia, se alguém se aproxima da energia que é bem mais sutil – então existe também a questão de descer, *trazendo consigo* essa coisa sutil para a realidade mais comum, ligada à "densidade" do corpo.

Isso não significa renunciar a uma parte da nossa natureza – tudo deve permanecer em seu lugar: o corpo, o coração, a cabeça, algo que está "sob os nossos pés" e algo que está "sobre a cabeça". Tudo como uma linha vertical, e essa verticalidade deve estar tensionada entre a organicidade e *the awareness. Awareness* no sentido da consciência que não está ligada à linguagem (a máquina para pensar), e sim à Presença.

Tudo isso pode ser comparado à escada de Jacó. A *Bíblia* fala da história de Jacó, que adormeceu com sua cabeça sobre uma pedra e teve uma visão: ele viu, perpendicular ao chão, uma grande escada, e percebeu as forças ou – se preferirem – os anjos, que subiam e desciam.

Sim, é muito importante construir, na arte como veículo, uma escada de Jacó; mas para que essa escada funcione, cada degrau deve ser bem feito. Senão a escada se quebra; tudo depende da competência artesanal com a qual se trabalha, da qualidade dos detalhes, da qualidade das ações e do ritmo, da ordem dos elementos; tudo deve ser impecável do ponto de vista do ofício. Normalmente, se uma pessoa busca na arte a sua escada de Jacó, ela imagina que isso só depende da boa vontade; então procura alguma coisa amorfa, uma espécie de sopa, e se dissolve em suas próprias ilusões. Repito: a escada de Jacó deve ser construída com credibilidade artesanal.

VI

Os cantos rituais da tradição antiga dão um suporte para a construção dos degraus dessa escada vertical. Não é apenas uma questão de captar a melodia com sua precisão, ainda que sem isso nada seja possível. Também é necessário encontrar um tempo-ritmo com todas as suas flutuações *dentro* da melodia. Mas acima de tudo, trata-se de algo que é uma sonoridade apropriada: qualidades vibratórias tão palpáveis que de certo modo se tornam o sentido do canto. Em outras palavras, o som se torna o próprio sentido através das qualidades vibratórias; ainda que não se compreendam as palavras, basta receber suas qualidades vibratórias. Quando falo desse "sentido", falo também dos impulsos do corpo; isso significa que a sonoridade e os impulsos *são* o sentido, de maneira direta. Para descobrir as qualidades vibratórias de um canto ritual de uma tradição antiga, é necessário descobrir a diferença entre a melodia e as qualidades vibratórias. Isso é muito importante nas sociedades em que a transmissão oral desapareceu. Por essa razão, isso é importante para nós. Em nosso mundo, em nossa cultura, por exemplo, as pessoas entendem a melodia como uma sucessão de notas, uma notação de notas. Essa é a melodia. Não é possível descobrir as qualidades vibratórias de um canto se alguém começa, vamos dizer, a improvisar; não quero dizer que alguém cante fora do tom, mas, se alguém canta cinco vezes o mesmo canto e a cada vez ele parece ser outro, isso significa que a melodia não foi fixada. A melodia tem que ser totalmente dominada para que se possa desenvolver o trabalho sobre as qualidades vibratórias. No entanto, ainda que seja absolutamente necessário ser preciso com a melodia para descobrir as qualidades vibratórias, a melodia não é a mesma coisa que as qualidades vibratórias. É um ponto delicado, porque – para usar uma metáfora – é como se o homem moderno não ouvisse a diferença entre o som de um piano e o som de um violino. Os dois tipos de ressonância são muito diferentes; mas o homem moderno só busca a linha melódica (a progressão das notas), sem captar as diferenças de ressonância.

O canto da tradição é como uma pessoa. Quando as pessoas começam a trabalhar sobre um suposto ritual, por conta de uma rudeza de ideias e associações, começam a buscar um estado de possessão ou de pretenso transe, que se reduz a um caos e a improvisações nas quais se faz qualquer coisa. Esqueça todos esses exotismos! Só é preciso descobrir que o canto da tradição, com os impulsos ligados a ele, é "uma pessoa". Então, como descobrir isso? Somente na prática; mas posso dar uma imagem a vocês, para que saibam sobre o que estou falando. Existem cantos

DA COMPANHIA TEATRAL À ARTE COMO VEÍCULO

antigos nos quais é possível descobrir facilmente que são mulheres, e há outros que são masculinos; existem cantos nos quais é fácil descobrir que são adolescentes ou até mesmo crianças – é um canto-criança; e outros que são idosos – é um canto-idoso. Então alguém pode se perguntar: esse canto é uma mulher ou um homem? É uma criança, um adolescente, um idoso? O número de possibilidades é enorme. Mas fazer a si mesmo esse tipo de pergunta *não é o método*. Se isso é transformado em método, ele se torna *monótono e tolo*. E mais: um canto da tradição é um ser vivente, sim, mas nem todo canto é um ser humano, existe também o canto-animal, o canto-força.

Quando começamos a captar as qualidades vibratórias, isso encontra seu enraizamento nos impulsos e nas ações. Depois, de uma hora para outra, esse canto começa a *nos cantar*. Esse canto antigo me canta; não sei mais se estou descobrindo esse canto ou se eu sou esse canto. Cuidado! Esse é o momento em que a vigilância se faz necessária, não virar propriedade do canto – sim, *ficar de pé*.

O canto da tradição, como instrumento da verticalidade, pode ser comparado ao mantra da cultura hindu ou budista. O mantra é uma forma sonora, muito elaborada, que engloba a posição do corpo e a respiração, e que faz aparecer uma determinada vibração num tempo-ritmo tão preciso que ele influencia o tempo-ritmo da mente. O mantra é um breve encantamento, eficaz como instrumento; não serve aos espectadores, e sim a quem o pratica. Os cantos da tradição também servem às pessoas que os praticam. Cada um desses cantos, que se formaram num arco de tempo bastante longo e eram utilizados para fins sagrados ou rituais (eu diria que eram utilizados como um elemento de veículo), traz diferentes tipos de resultados. Por exemplo, um resultado é estimulante, outro traz calma (esse exemplo é simplista e rudimentar; não apenas porque existem inúmeras possibilidades, mas principalmente porque dentro delas existem as que tocam um campo muito mais sutil).

Por que eu falo de mantra e depois me afasto em direção ao canto da tradição? Porque no trabalho que me interessa, o mantra é menos aplicável, já que o mantra está distante da abordagem orgânica. Os cantos tradicionais (como aqueles da linha afro-caribenha), contrariamente, têm suas raízes na organicidade. É sempre o canto-corpo, nunca é o canto dissociado dos impulsos da vida que passam através do corpo; no canto da tradição, não é mais uma questão da posição do corpo ou da manipulação da respiração, e sim dos impulsos e das pequenas ações. Porque os impulsos que atravessam o corpo são exatamente aqueles que carregam o canto.

Existem diferenças de impacto entre cada um dos cantos da tradição. Do ponto de vista da verticalidade rumo ao sutil e da descida do sutil rumo a um nível de realidade mais comum, existe a necessidade de uma estrutura "lógica": um determinado canto não pode se posicionar nem um pouco antes nem um pouco depois de outros cantos – seu lugar deve ser evidente. Por outro lado, eu diria que após um hino de qualidade altamente sutil, se – continuando a linha da *Action* – precisamos descer (por exemplo) para o nível de um outro canto mais instintual, não devemos simplesmente perder esse hino, mas manter um traço de sua qualidade *dentro* de nós mesmos.

Tudo o que eu disse até agora só diz respeito a alguns exemplos do trabalho sobre os cantos da tradição. Além do mais, os degraus dessa escada vertical, que deve ser elaborada com sólida perícia profissional, não são apenas os cantos da tradição e o modo em que trabalhamos sobre eles, são também o texto como palavra viva, as formas do movimento, a *lógica* das menores ações (a coisa fundamental, me parece, é sempre preceder a forma daquilo que a precede, é manter o processo que conduz até a forma). Cada um desses aspectos pode pedir, de fato, um capítulo à parte.

Eu gostaria, entretanto, de fazer algumas observações relacionadas ao trabalho sobre o corpo. É possível resolver a questão da obediência do corpo por meio de duas abordagens diferentes; não quero dizer que uma abordagem complexa ou dupla seja impossível, mas, para ser claro, prefiro me limitar aqui a duas abordagens distintas.

A primeira abordagem é colocar o corpo num estado de obediência domando-o. É possível fazer uma comparação com a abordagem do balé clássico ou de alguns tipos de "atletismo". O perigo dessa abordagem é que o corpo se desenvolva como uma entidade muscular, então, sem ser suficientemente flexível e "vazio" para ser um canal permeável para as energias. O outro perigo – ainda maior – é que a pessoa reforce a separação entre a cabeça, que dirige, e o corpo, que se torna uma marionete manipulada. Apesar disso, eu deveria ressaltar que os perigos e os limites dessa abordagem podem ser superados se a pessoa tem total consciência deles e se o instrutor é perspicaz nesse campo – geralmente encontramos exemplos no trabalho sobre o corpo praticado nas artes marciais.

A segunda abordagem é desafiar o corpo. Desafiá-lo dando-lhe tarefas, objetivos que pareçam ultrapassar as capacidades do corpo. É uma questão de convidar o corpo para o "impossível" e levá-lo a descobrir que o "impossível" pode ser dividido em pequenos pedaços, pequenos elementos, e se tornar possível. Nessa segunda abordagem, o corpo se torna obediente sem saber que deve ser obediente. Ele se torna um canal aberto para as energias, e encontra a conjunção entre o rigor dos elementos e o fluxo da vida ("espontaneidade"). Dessa maneira, o corpo não se sente como um animal domado ou domesticado, e sim como um animal selvagem e orgulhoso. A gazela perseguida por um tigre corre com uma leveza, uma harmonia de movimentos incríveis. Se alguém assiste a isso em câmera lenta em um documentário, essa corrida da gazela e do tigre dá uma imagem da vida plena e paradoxalmente alegre. As duas abordagens são inteiramente legítimas. No entanto, na minha vida criativa, sempre estive mais interessado na *segunda* abordagem.

VII

Se alguém olha para a arte como veículo, a necessidade de chegar a uma estrutura que pode ser repetida – para chegar, vamos dizer, ao *opus* – é ainda maior do que no trabalho sobre o espetáculo destinado ao público. Não é possível trabalhar sobre si mesmo (para usar um termo de Stanislávski) se não se está dentro de alguma coisa que é estruturada e que pode ser repetida, que tem começo, meio e fim, e onde cada elemento possui seu lugar lógico, tecnicamente necessário. *Tudo isso determinado do ponto de vista daquela verticalidade que vai até o sutil e da sua descida (do sutil) até a densidade do corpo.* A estrutura

146 TRABALHAR COM GROTOWSKI SOBRE AS AÇÕES FÍSICAS

elaborada nos detalhes – a *Action* – é a chave; se falta a estrutura, tudo se dissolve.

Então, trabalhamos sobre o nosso *opus*: a *Action*. O trabalho exige pelo menos oito horas diárias (às vezes bem mais), seis dias por semana, e dura alguns anos de forma sistemática; inclui os cantos, a partitura das reações, modelos arcaicos de movimento, a palavra – tão antiga que é quase sempre anônima. E é assim que construímos algo concreto, uma estrutura que pode ser comparada àquela do espetáculo, mas que não tenta criar a montagem na percepção dos espectadores, e sim na dos artistas *que a fazem*.

Na construção da *Action*, a maioria dos elementos-fonte pertence (de um modo ou de outro) à tradição ocidental. Estão ligados àquilo que eu chamo de "o berço", nesse caso: o berço do Ocidente. Falando de modo aproximativo, sem a pretensão de uma precisão científica, o berço do Ocidente inclui o Egito Antigo, a terra de Israel, a Grécia e a Síria Antiga. Existem, por exemplo, elementos textuais cuja origem não pode ser determinada, a não ser pelo fato de que houve uma transmissão através do Egito, mas há também uma versão em grego. Os cantos iniciáticos que utilizamos (tanto os da África Negra quanto os do Caribe) estão enraizados na tradição africana; nós os abordamos no trabalho como uma referência a algo que era vivo no Egito Antigo (ou em suas raízes), nós os abordamos como se pertencessem ao berço.

No entanto, aqui encontramos outro problema: não podemos compreender realmente nossa própria tradição (pelo menos no meu caso) sem compará-la com um berço diferente. Podemos chamar isso de corroboração. Na perspectiva da corroboração, o berço oriental é muito importante para mim. Não apenas por razões técnicas (lá as técnicas eram altamente elaboradas), mas por razões pessoais. Porque, de maneira precisa, as fontes do berço oriental tiveram um impacto direto em mim quando eu era criança e adolescente, bem antes de fazer teatro. Muitas vezes a corroboração abre perspectivas inesperadas e quebra hábitos mentais. Por exemplo, na tradição oriental, aquilo que é chamado de Absoluto pode ser abordado como a Mãe. Na Europa, ao contrário, o acento está mais no Pai. Esse é só um exemplo, mas que ilumina inesperadamente as palavras dos nossos distantes antepassados no Ocidente. A corroboração técnica é palpável: é possível ver as analogias e as diferenças; dei um exemplo disso quando analisei o funcionamento do mantra e do canto da tradição.

O que eu quero que seja lembrado é que, no trabalho sobre a arte como veículo no Workcenter de Pontedera, quando construímos o *opus* – a *Action* – nossas fontes se referem principalmente ao berço ocidental.

A *Action*: a estrutura performática objetivada nos detalhes. Esse trabalho não é destinado a espectadores; no entanto, de vez em quando, a presença de testemunhas pode ser necessária. De um lado, para que a qualidade do trabalho seja testada e, do outro, para que não seja uma atividade puramente privada, sem utilidade para os outros. Quem foram nossas testemunhas? No início, foram especialistas e artistas convidados individualmente. Mas depois, convidamos companhias de "teatro jovem" e de teatro de pesquisa. Eles não eram espectadores (porque a estrutura performática – a *Action* – não foi criada pensando neles), mas de alguma forma eles eram *como* espectadores. Quando um grupo de teatro nos visitava, ou quando nossa gente visitava um grupo de teatro, um observava o trabalho do outro, tanto as "obras" quanto os exercícios (mas sem nenhuma participação ativa recíproca, já que não estamos fazendo teatro participativo).

Sendo assim, durante os últimos anos, nos confrontamos com quase sessenta grupos de teatro. Esses encontros não foram organizados através da imprensa ou de uma solicitação por escrito. Os encontros foram protegidos de qualquer tipo de publicidade, e só podiam participar o grupo que nos visitava e aquele que o recebia, sem nenhuma outra testemunha externa. Graças a essas precauções, o que tínhamos para nos dizer após o confronto de trabalho era bastante livre do medo de ser criticado, ou de sermos vistos sob uma luz enganosa. Era importante que os grupos não chegassem por meio de anúncios e não se apresentassem por iniciativa própria, nós é que devíamos encontrá-los através de nossos próprios meios; nenhuma burocracia, nenhum mecanicismo na maneira de buscar uma companhia à qual convidar. Foi por causa dessa maneira informal e discreta que também pudemos convidar pequenos grupos que não tinham dinheiro, que não tinham publicidade, mas que estavam realmente tentando entender o que funcionava e o que não funcionava em seu trabalho; entender não na teoria ou na ordem das ideias, mas através de exemplos simples e artesanais ligados ao ofício.

Esse é apenas um exemplo de como a arte como veículo, bastante isolada, pode ainda assim manter uma relação viva no campo do teatro, mesmo que só pela presença dos colegas de profissão. Nunca tentamos mudar os objetivos dos outros. Não seria correto, porque seus esforços estão ligados, de certa maneira, a outras categorias de significado, de circunstâncias de trabalho, de noções de arte.

VIII

É possível trabalhar na mesma estrutura performática usando os dois registros? A arte como apresentação (quando se fazem espetáculos públicos) e, ao mesmo tempo, a arte como veículo?

Essa é a pergunta que eu me faço. Teoricamente, vejo que deve ser possível; na prática, fiz essas duas coisas em diferentes períodos da minha vida: arte como apresentação e arte como veículo. Entretanto, será que é possível fazer as duas dentro da mesma estrutura performática? Se uma pessoa trabalha a arte como veículo, mas ao mesmo tempo quer utilizá-la como algo espetacular, a ênfase pode mudar com facilidade e, portanto, além de qualquer outra dificuldade, o sentido de tudo isso corre o risco de se tornar equivocado. Então podemos dizer que é uma questão muito difícil de resolver. Mas se eu realmente tivesse fé que, apesar de tudo, isso poderia ser resolvido, com certeza teria a tentação de fazê-lo, eu admito.

É evidente que se, durante nosso trabalho sobre a arte como veículo, nos encontramos com quase sessenta grupos – sessenta companhias de "teatro jovem" e de teatro de pesquisa – deve ter havido alguma influência tão delicada que ela é *praticamente anônima*, no nível dos detalhes técnicos, dos detalhes do ofício – relacionados à precisão, por exemplo – e isso é legítimo. Mas em alguns desses grupos eu noto que, só por terem visto nosso trabalho sobre a arte como veículo, eles captaram de alguma maneira do que isso se trata e se perguntaram como

DA COMPANHIA TEATRAL À ARTE COMO VEÍCULO   149

abordar algo semelhante em seu próprio trabalho, que todavia é destinado à realização de espetáculos. Se eles se fazem essa pergunta no nível mental, formulado, metodológico etc, então digo que não devem nos seguir nesse campo, que não devem buscar a arte como veículo em seu trabalho. Mas se a pergunta fica em suspensão – no ar, praticamente no inconsciente, para se manifestar mais tarde no trabalho interior ou no trabalho sobre si mesmo durante os ensaios –, eu não reajo contra isso. Nesse caso a pergunta se esboça, mas não está formulada, nem mesmo no pensamento. O momento em que ela é formulada torna-se muito perigoso, porque pode se transformar num álibi para justificar a falta de qualidade do espetáculo. Incentivar uma pessoa a dizer a si mesma: "Vou fazer um espetáculo que é um 'trabalho sobre si'", no mundo assim como ele é, pode incentivá-la a dizer-se: "Tomo a liberdade de não fazer bem o meu trabalho no espetáculo, porque na verdade estou buscando outras riquezas". E aqui já estamos diante de uma catástrofe.

IX

Pouco tempo atrás alguém me perguntou: "Você quer que o Centro de Grotowski desapareça após sua morte?" Respondi "não" simplesmente porque respondi à *intenção* da pergunta. Pareceu-me que a intenção era: "Você quer criar um Sistema que se interrompa no ponto em que sua investigação se interrompeu, e que depois venha a ser ensinado?" Eu respondi "não" a isso. Mas tenho que admitir que se a intenção tivesse sido: "Você quer que essa tradição, que num certo lugar e num certo momento você reabriu, quer então que essa *investigação* sobre a arte como veículo seja continuada por alguém?" Eu não teria sido capaz de responder com a palavra "não".

Em nosso trabalho há um paradoxo. Estamos fazendo arte como veículo, que por sua própria natureza não é destinada a espectadores, e mesmo assim confrontamos esse trabalho com várias dezenas de grupos de teatro – mas acima de tudo *sem incentivá-los* a abandonar a arte como apresentação: pelo contrário, na perspectiva que eles tinham que continuá-la. Esse paradoxo é apenas aparente. Ele pode existir porque a arte como veículo põe em prática questões ligadas ao ofício enquanto tal, legítimas nas duas extremidades da cadeia das *performing arts*; questões ligadas ao artesanato.

No Workcenter, há também um aspecto ligado à formação. No início da sessão V, mencionei que um dos polos do trabalho no Workcenter é dirigido à educação permanente no campo da arte do ator (ainda que entre nós vários desses elementos também estejam ligados às formas rituais). Os jovens artistas que estão no Workcenter (no mínimo por um ano, e às vezes bem mais) e participam desse polo do trabalho fazem isso na perspectiva do seu ofício, o ofício do ator; e eu uso as possibilidades do Workcenter para ajudá-los nesse campo. Ao mesmo tempo, não sou insensível à questão: "Será que o ofício, enquanto tal, não pode sugerir alguma coisa do trabalho sobre si mesmo?" Mas essa é uma questão extremamente delicada, e eu prefiro evitar qualquer doutrinação.

Foi dado a mim fazer aparecer no Workcenter o outro polo do trabalho, que tem suas raízes na arte como veículo – como tradição e como pesquisa. Isso não inclui diretamente todas as pessoas com quem trabalho. Com relação às pessoas diretamente envolvidas na arte como veículo, não penso nelas como "atores", e sim como "atuantes" (aqueles que agem), porque seu ponto de referência não é o espectador, mas o itinerário na verticalidade.

No Workcenter, o que vai na direção da arte como veículo foi confrontado com grupos de teatro visitantes. E ainda que tenham surgido conclusões práticas para algumas pessoas, o tempo limitado desses encontros não permite nenhuma eventual suposição de que se trate de "meus alunos". Com a arte como veículo, somos apenas uma das extremidades da longa cadeia, e essa extremidade deve permanecer em contato – de uma forma ou de outra – com a outra extremidade, que é a arte como apresentação. As duas extremidades pertencem à mesma vasta família. Algo deve poder passar entre elas: as descobertas técnicas, a consciência artesanal... É necessário que tudo isso possa passar, se não quisermos ser completamente cortados do mundo. Lembro-me desse capítulo do *I Ching* chinês, o antigo Livro das Mutações, no qual se diz que o poço pode ser bem escavado e a água em seu interior pode ser pura, mas se ninguém tirar a água dele, os peixes irão viver ali e a água vai se estragar.

Por outro lado, se nos esforçarmos para exercer uma influência, há o perigo da mistificação. Por isso eu prefiro não ter alunos desse tipo, que levam a Boa-Nova para o mundo. Mas se chega aos outros uma mensagem de rigor, de exigência, que reflete certas leis da "vida na arte" – aí é outra coisa. Essa mensagem pode ser mais transparente do que aquela colorida por uma tarefa missionária ou por uma exclusividade de orientação.

Na história da arte (e não só da arte) podemos encontrar uma infinidade de exemplos de como uma influência *procurada* ou morre rapidamente ou se transforma em caricatura, uma desnaturalização tão radical que muitas vezes é difícil reencontrar na imagem difundida um único rastro daquilo que foi a fonte. Por outro lado, também existem essas influências anônimas. As duas extremidades da cadeia (a arte como apresentação e a arte como veículo) devem existir: uma visível – pública – e a outra quase invisível. Por que eu digo "quase"? Porque se ela estivesse completamente escondida, não poderia dar vida às influências anônimas. Por isso ela deve permanecer invisível, mas *não completamente*.

Este livro foi impresso em São Paulo,
nas oficinas da MarkPress Brasil, em abril de 2014,
para a Editora Perspectiva.